LA PAROLA E LE PAROLE

Disegno in china per *I Padri del deserto,*
di Stefania Bongiovanni, 1997

I PADRI DEL DESERTO

Così dissero
Così vissero

a cura di Jean-Claude Guy

Paoline

Titolo originale dell'opera:
Paroles des anciens
Apoftegmes des Pères du désert

Traduzione dal francese
di Caterina Spada

PAOLINE Editoriale Libri

Via Francesco Albani, 21 - 20149 Milano
Distribuzione: Diffusione San Paolo s.r.l.
Corso Regina Margherita, 2 - 10153 Torino

INTRODUZIONE

Il presente testo è di una grande semplicità e non avrebbe bisogno di alcuna introduzione. Esso proviene dai deserti d'Egitto, nei secoli IV e V, quando alcuni uomini, rifiutando la civiltà della loro epoca, presero le distanze dalle comunità cristiane delle città e si ritirarono nel deserto. All'inizio, questi uomini – che intendevano condurre una vita cristiana assolutamente originale – erano solo un gruppetto: Antonio, Macario, Sisoes...

Ben presto però il loro genere di vita stupì e attrasse molte altre persone ed essi furono raggiunti da diversi discepoli provenienti da ogni parte del mondo. Alcuni, come Arsenio, avevano occupato le più alte cariche alla corte imperiale; altri, i più, erano di origine modesta.

Un certo Mosè si era convertito per caso, quando era capo di una banda di briganti; Zaccaria vi era giunto ancora ragazzino; un altro lasciava dietro a sé, in città, mestiere e figli...

In alcuni decenni, le capanne e le grotte in cui si stabilirono i primi eremiti attrassero così tanti uomini desiderosi di condividere la loro vita che, nei deserti, furono costituite vere colonie monastiche. Sono rimasti celebri i nomi di Sceti (oggi Wadi al-Natrum), Nitri e quella colonia cosiddetta delle Celle, in cui si installarono coloro che nel deserto di Nitri non trovavano più la solitudine cercata.

Ben presto queste esperienze individuali ed eccentriche portarono paradossalmente alla costituzione di veri «centri» monastici.

Si possono immaginare facilmente tutti i problemi sollevati da una simile evoluzione. Occorreva anzitutto trovare ritmi di vita che conciliassero le esigenze di una vita vissuta nel deserto, a fianco a fianco, e il bisogno di solitudine che aveva spinto tutti a lasciare i cosiddetti «luoghi abitati».

Dopo molte esitazioni fu deciso, in comune, di passare la settimana, ciascuno nel proprio eremo e di ritrovarsi insieme in chiesa, e negli edifici annessi, il sabato e la domenica, per cantare l'ufficio notturno, celebrare l'eucaristia e regolare i pochi problemi gestionali che dovevano essere risolti.

Il principio, infatti, era che ciascuno dovesse vivere del proprio lavoro manuale, non importa quale, purché fosse compatibile con le possibilità del deserto e con le esigenze della preghiera continua e del raccoglimento. Si fabbricavano, dunque, con mezzi di fortuna, ceste, funi, stuoie, che l'economo della colonia s'incaricava di vendere per poter acquistare altri prodotti.

Ma il problema più importante da risolvere era di un altro tipo. Questi uomini, che avevano preso le distanze rispetto alla vita cristiana delle comunità urbane e che, comunque, non intendevano condurre un'esistenza conventuale, in cui tutti vivono insieme seguendo la stessa regola, come potevano imparare a vivere « secondo il Vangelo »?

Poiché non vi erano norme prestabilite a cui poterli rimandare né un modello universalmente valido che potesse servire da punto stabile di riferimento per i nuovi che arrivavano, come formare i numerosi adepti che continuavano ad affluire?

È questo il grande interrogativo dell'epoca, e penso che sia il primo aspetto, se non forse l'unico, secondo cui questa esperienza passata ha senso ancor oggi, non solo per i monaci attuali (che vivono secondo una regola conventuale), ma soprattutto per chiunque, nella nostra epoca, cerchi la propria strada.

Scorrendo i testi che seguono si potrà apprezzare concretamente come si è sviluppata questa nuova pedagogia spirituale, ma, per facilitarne la lettura, vorrei sottolineare qui alcune linee di forza.

La prima è quella che raccomanda di vivere un periodo di formazione con un maestro. Quando nel deserto arriva un nuovo eremita, non gli è permesso di sistemarsi come vuole, ma deve per prima cosa mettersi alla scuola di un «anziano» o di un «vegliardo», definito così non tanto per l'età avanzata, ma per una pratica intensa del deserto, una persona esperta, quindi, capace di distinguere l'autenticità dall'apparenza, vale a dire un vero uomo «spirituale». Con questo «anziano» il discepolo dovrà vivere un periodo di accompagnamento, durante il quale sarà sottomesso totalmente a lui, non solo per fare tutto ciò che questi gli dice, ma soprattutto per agire come lui, e imitarlo in ogni cosa. Solo condividendo giorno per giorno la vita di un uomo esperto, infatti, si impara a vivere la propria vita.

Ma questa dipendenza, e il conseguente spogliarsi da ogni egocentrismo, sarebbe insufficiente se si limitasse all'ambito delle azioni. Poiché l'uomo è animato da intenzioni, desideri buoni o cattivi, e pensieri molteplici, il discepolo, finché vive alla scuola dell'anziano, deve aprirsi a lui e manifestargli tutti i pensieri che lo agitano, in modo che lo spogliamento di sé arrivi a una grande trasparenza.

Così egli si libererà non solo di quanto riguarda se stesso e di ogni ripiegamento egoistico che lo chiuderebbe al dono di Dio, ma imparerà anche, secondo un'espressione che gli diverrà familiare, a discernere gli spiriti, cioè a distinguere, oltre le apparenze spesso ingannevoli, i moti interiori che provengono dallo Spirito di Dio e allo Spirito dispongono, e ai quali deve corrispondere se vuole vivere in pienezza. In questo modo imparerà a leggere la Scrittura e a lasciare che essa illumini la sua strada. Diventerà a sua volta un uomo «spirituale» che, come il frutto maturo, può staccarsi dall'anziano che gli ha insegnato a vivere e, stabilendosi altrove, può anch'egli accogliere nuovi discepoli, ai quali comunicherà la saggezza della vita evangelica.

La seconda linea di forza di questa pedagogia è la particolare autorità riconosciuta alla parola. Non certo qualsiasi parola, ma quella che fa dialogare due uomini che desiderano fare la volontà di Dio: un anziano, esperto nel discernere, e un discepolo che desidera solo trovare le vie della salvezza. In questa prospettiva, la parola detta dall'anziano al discepolo che l'ha sollecitata (la si chiama, secondo la parola greca che significa «dichiarare», un *apoftegma*) è considerata carismatica e non è difficile capirne la ragione.

È carismatica anzitutto perché l'anziano che la pronuncia è un uomo spirituale, e uno dei frutti della presenza dello Spirito è proprio questa «grazia della parola», che fa di lui un educatore spirituale. Ma questa parola è carismatica anche per il frutto che produce in chi la riceve nel modo dovuto, poiché non basta sollecitare una parola, ma bisogna farlo con fede, per il solo desiderio di trarne profitto spirituale. Quando il richiedente è spinto dalla curiosità o dalla vanità, allora il carisma non può più agire e l'anziano è ridotto al silenzio.

Nella raccolta che segue vi è un testo che lo esprime chiaramente:

Alcuni fratelli si recano da abba Felice per chiedergli un *apoftegma*, ma lui può solo rispondere: «Quando i fratelli interrogavano gli anziani e facevano ciò che essi dicevano loro, Dio mostrava agli anziani come parlare. Ma ora, poiché interrogano senza fare ciò che viene loro detto, Dio ha privato gli anziani della grazia della parola, ed essi non trovano più che cosa dire perché non vi sono più lavoratori (discepoli)».

Se l'autorità della parola è fondata completamente sulla potenza dello Spirito che ispira chi la pronuncia, la sua efficacia dipende totalmente dalla fede con la quale questa parola è accolta dal discepolo. È in questo senso che si può parlare di una pedagogia della parola, come altrove si parlerà di una pedagogia della regola.

Questo volume sui *Padri del deserto* è esattamente la raccolta delle loro parole carismatiche. Questa è a un tempo la sua originalità e il suo interesse. Anche se, per capirne bene il senso, è utile sapere come è stata composta.

All'origine vi furono persone, per lo più illetterate, che rivolgevano ai loro discepoli, e richiedenti, parole carismatiche nel senso che sappiamo. Queste parole vennero propagate e i beneficiari se le condivisero nella speranza che quanto era stato proficuo per l'uno potesse essere utile ad altri. Probabilmente furono messe ben presto per iscritto affinché la loro comunicazione ne fosse facilitata. In un'epoca indeterminata, ma che si potrebbe collocare nella prima metà del secolo V, il numero di questi pensieri divenne tale che, per poterli rintracciare facilmente, fu necessaria una classificazione. Si diffusero, allora, due generi di organizzazione della materia, senza che si possa dire con certezza quale fu il primo. Le sentenze furono classificate o per autore, secondo l'ordine dell'alfabeto greco, o furono organizzate in una ventina di capitoli corrispondenti ad altrettante virtù o pratiche della vita nel deserto.

Questi due generi conobbero un grandissimo successo e se ne conservano ancora oggi molte copie manoscritte in greco. Inoltre, queste sentenze furono tradotte e molte volte ricopiate in quasi tutte le lingue della Chiesa, sia antica, sia medievale (e il fenomeno continua oggi con le lingue moderne). Certo, lo scriba non si accontentava di un puro lavoro di copiatura, ma ogni volta interveniva come compositore: aggiungeva o toglieva parti a seconda delle opportunità, e riorganizzava anche la materia in collezioni, perché il suo testo assolvesse meglio la funzione a cui lo destinava.

Ciò che sorprende è la diversità dei trattamenti a cui è stato sottoposto questo testo, uno dei più usati lungo la storia della Chiesa, sia orientale, sia occidentale. È opportuno, quindi, dire qualcosa a questo riguardo.

In origine, questi detti e questi fatti, riuniti

in qualche modo a seconda delle circostanze, non avevano la pretesa di riflettere un insegnamento coerente. Le sentenze provenivano da personaggi diversissimi, e poco importava se risultassero discordanti, poiché l'obiettivo consisteva nel favorire un dialogo personale con questo o quel personaggio carismatico, attraverso il racconto o la scrittura del loro pensiero. Questi personaggi, infatti, erano i "maestri" e, in quanto tali, ritenuti importanti per se stessi, al di là – oseremmo dire – delle stesse cose che dicevano. L'essenziale è che parlino, che li si senta parlare, e che si possa così entrare in dialogo con loro. Questo riflette abbastanza bene la classificazione alfabetica: successione di quadri fra i quali ognuno può fare la sua scelta e che lascia possibili tutte le interpretazioni.

Ma presto avviene una variazione che spiega la classificazione sistematica. Si radunano le sentenze in una serie di capitoli che descrivono le tappe di una crescita secondo lo Spirito. Il compilatore, allora, comincia a diventare autore: il riunire gli *Apoftegmi* in capitoli particolari costituisce già un'interpretazione. I personaggi sono presi in considerazione più per ciò che dicono che per la loro individualità. In questo caso la funzione della collezione non serve tanto a mettere in relazione con qualcuno, quanto a far nascere una dottrina. Da questo punto di vista, si può notare facilmente che tutte le traduzioni latine, conservate, sono organizzate secondo un piano metodico. E si capisce anche il perché: questa letteratura, dal deserto e dalla solitudine in cui si trovava, viene portata a una vita comunitaria ove serve particolarmente da lettura durante il pasto conventuale. Quindi il suo scopo è di contribuire alla formazione spirituale del gruppo, proponendogli temi di riflessione.

Una terza funzione ha inizio con i primi grandi dottori della spiritualità monastica (Giovanni Cassiano, Isaia di Sceti, Dorotea di Gaza...), i quali non si accontentano di riunire le parole perché da queste nasca una dottrina. La loro attività come autori è più grande: essi spiegano e attualizzano il senso di questa o quella parola e si appoggiano a essa per elaborare un insegnamento. Risulta allora che la funzione di questa letteratura non è più quella di aprire a un dialogo, né di far nascere una dottrina, ma di fondare una spiritualità basandola su una tradizione sperimentata.

Con il tempo, vi saranno altri sviluppi: gli *Apoftegmi* non saranno più utilizzati per fondare una dottrina, ma solo per confermarla o per illustrarla. In un modo o nell'altro, questi detti e questi fatti entrano nella categoria degli *exempla*. Ed è proprio così che li intende il celebre *Trattato della Perfezione cristiana,* di Rodriguez (che dal XVI secolo ha conosciuto un successo spentosi solo in questi ultimi anni): alcuni capitoli dottrinali che espongono con rigore questo o quell'aspetto della vita spirituale sono seguiti da altri capitoli «in cui la dottrina precedente è confermata da alcuni esempi», i quali (esempi) sono tratti per lo più dalle raccolte di *Apoftegmi* e hanno solo una funzione di illustrazione.

Mettere in relazione con un maestro dello spirito, far nascere ed evocare una dottrina, fondare e autenticare un insegnamento, illustrare una lezione sono quattro funzioni differenti, che sembrano andare di pari passo con un certo degrado di questo genere letterario, dal momento in cui si passa, dal particolare e dall'orale, allo scritto e all'universale. Evoluzione di tutta una spiritualità, che prova meno il bisogno di ritornare alle proprie origini, quanto più si crede sicura di se stessa.

Certo, la letteratura dei deserti d'Egitto non è una letteratura come le altre. Per capirla nel suo senso più profondo, bisogna risalire il tempo attraverso le tappe della sua evoluzione.

Presi come una raccolta di esempi, questi *Apoftegmi* sono divertenti o irritanti a seconda del temperamento o dell'umore di ogni lettore, ma sempre superficiali e in definitiva inutili. Utilizzati per fondare o autenticare una dottrina, forse sono preziosi nella vita monastica, non so, ma al di fuori di questa la loro utilizzazione resta molto problematica. Praticati però come strumento dell'incontro con maestri dello spirito con in quali – benché ci separino alcuni secoli, o forse proprio per questo – è possibile stabilire una sorta di dialogo, perché questo non chiede niente di più (e niente di meno) se non il desiderio di una vita intensamente vissuta, in tal caso essi hanno e possono avere senso per chiunque: si tratta di «letteratura attuale», perché incita il lettore alla vita e non presuppone niente di più del desiderio di vivere.

La raccolta che qui si presenta non corrisponde letteralmente né al primo né al secondo dei grandi tipi di organizzazione sopra evocati. Tale e quale non la si trova più in alcun manoscritto. L'ambizione di questa raccolta è di dare un saggio del *dossier*, prima che cominci il cammino autonomo di ciascuna classificazione. È, per così dire, il fondo comune da cui si sono costituiti i due raggruppamenti.

Per stabilirlo, ho raccolto, seguendo la classificazione dell'ordine alfabetico, anche se non in modo rigoroso, tutte le parti che sono comuni ai due grandi raggruppamenti e che si possono considerare, per grandi linee, il fondo primario. Il vantaggio sarà così di leggere un testo più antico e quindi più vicino al sapore delle sue origini desertiche.

JEAN-CLAUDE GUY

PROLOGO

In questo libro è riportata l'ascesi virtuosa e l'ammirevole maniera di vivere, come pure le parole dei santi e beati padri. Questo serve per infiammare ed educare quanti vogliono condursi bene, imitando le loro vite celesti, e percorrere la via che porta al regno dei cieli. Occorre sapere che i santi padri, che furono iniziatori e maestri di questa beata vita dei monaci, totalmente presi dal fuoco dell'amore divino e celeste e, considerando un niente tutto ciò che per gli uomini è bello e stimabile, si sforzarono soprattutto di non fare niente per vanagloria. Sottraendosi agli sguardi, e tenendo nascoste, per eccesso di umiltà, la maggior parte delle loro opere buone, essi percorsero la strada voluta da Dio.

Così nessuno ha potuto descrivere la loro vita con precisione; ma solo quanti si dettero maggiormente la pena di conoscerli misero per iscritto alcuni frammenti delle loro parole o azioni migliori. E non lo fecero per essere loro graditi, ma cercarono solo di ravvivare lo zelo dei loro successori. Quindi furono molti quelli che, in epoche diverse, misero in forma narrativa, in uno stile semplice e chiaro, quelle parole e azioni virtuose dei santi vegliardi, i quali avevano un solo scopo: edificare molti.

Ora, poiché un racconto fatto per molti può risultare confuso e senz'ordine, e impedire, quindi, l'attenzione del lettore – la cui mente, tiranneggiata da ogni parte, ha difficoltà a ricordare ciò che è sparso nel libro – abbiamo pensato di presentare la materia per capitoli. Quest'ordine permette una comprensione migliore, in modo che gli interessati possono trar profitto dalla loro lettura.

Quindi, ciò che riguarda Antonio, Arsenio, Agatone e tutti quelli il cui nome comincia per la lettera Alfa, lo si troverà nel capitolo Alfa; lo stesso per Bessarione, Beniamino, ecc., nel capitolo Beta e via di seguito fino al capitolo Omega.

Antonio

α

1. Il santo abba Antonio, quando si trovava nel deserto, cadde in preda al disgusto e a un buio profondo dell'intelletto. Allora parlò a Dio: «Signore, io desidero essere salvato, ma i miei pensieri me lo impediscono; che cosa posso fare nella mia afflizione? Come posso essere salvato?». Poco dopo, alzatosi per uscire, Antonio vide un altro come lui, seduto a lavorare, poi lo vide alzarsi dal suo lavoro per pregare, sedersi di nuovo e intrecciare una corda, quindi alzarsi ancora per la preghiera. Era un angelo del Signore inviato per correggere Antonio e rassicurarlo; e sentì l'angelo che gli diceva: «Fa' così e sarai salvato». A queste parole, Antonio si sentì pieno di gioia e di coraggio, fece così e fu salvo.

2. Abba Antonio, scrutando la profondità dei giudizi di Dio, domandò: «Signore, perché alcuni muoiono nella prima giovinezza, mentre altri raggiungono un'estrema vecchiaia? Perché ci sono poveri e ricchi? Perché uomini ingiusti si arricchiscono mentre alcuni giusti sono nel bisogno?». All'improvviso venne una voce,

che gli disse: «Antonio, bada a te, perché questo è il giudizio di Dio ed è meglio per te non conoscerlo».

3. Un tale interrogò abba Antonio: «Che cosa devo osservare per piacere a Dio?». L'anziano gli rispose: «Osserva quanto ti ordino: ovunque tu vada, abbi Dio sempre presente; qualunque cosa tu faccia o dica, sia conforme a quanto testimoniano le sante Scritture; in qualsiasi luogo ti trovi, non metterti in agitazione per ogni piccola cosa. Osserva questi tre precetti e sarai salvo».

4. Abba Antonio disse ad abba Poemen: «Ecco la grande opera dell'uomo: far ricadere su di sé la propria colpa davanti a Dio e aspettarsi di essere tentato fino all'ultimo respiro».

5. Abba Pambo chiese consiglio ad abba Antonio: «Che cosa devo fare?». Il vecchio saggio rispose: «Non affidarti alla tua giustizia, non tormentarti del passato, ma sappi dominare la tua lingua e il tuo ventre».

6. Abba Antonio disse: «Io vidi tutte le reti tese dal nemico sulla terra e dissi gemendo: Chi può superare queste trappole? E una voce mi rispose: L'umiltà».

7. Egli disse ancora: «Alcuni hanno macerato il loro corpo nell'ascesi, ma poiché non hanno saputo discernere, si sono allontanati da Dio».

8. E affermò ancora: «La vita e la morte dipendono dal nostro prossimo. Difatti, se noi guadagniamo nostro fratello, guadagniamo Dio; ma se scandalizziamo nostro fratello, noi pecchiamo contro Cristo».

9. Egli disse ancora: «Come i pesci muoiono se rimangono troppo a lungo fuori dall'acqua, così i monaci che indugiano fuori dalla loro cella e passano il loro tempo con la gente del mondo diminuiscono l'intensità della loro pace interiore. Quindi è necessario, come per il pesce verso il mare, affrettarci verso la nostra cella, per paura che, attardandoci all'esterno, possiamo dimenticare la nostra vigilanza interiore».

10. E disse ancora: «Chi abita nel deserto e vive nel raccoglimento, è liberato dal combattere tre battaglie: quella dell'udito, della lingua e della vista. Gliene resta soltanto una: quella del cuore».

11. Alcuni fratelli si recarono da abba Antonio per raccontargli le loro visioni e sapere da lui se erano vere o venivano dal demonio. Ora, essi avevano un asino che morì per via. Allorché arrivarono presso il vegliardo, questi precedendoli domandò loro: «Come è morto l'asinello per via?». Essi gli risposero: «Come mai sai questo, padre?». «Sono i demoni», disse loro, «che me l'hanno fatto vedere». Ed essi: «È per questo che siamo venuti a parlarti temendo di

ingannarci, perché abbiamo visioni che spesso si rivelano vere». E il vecchio saggio li convinse, con l'esempio dell'asino, che le visioni erano opera dei demoni.

12. Nel deserto c'era un cacciatore di animali selvatici che vide abba Antonio fare ricreazione con alcuni fratelli e se ne scandalizzò. Poiché il vecchio saggio voleva convincerlo che ogni tanto bisognava accondiscendere ai desideri dei fratelli, gli disse: «Metti una freccia al tuo arco e tendilo». Questi fece così. Il vecchio riprese: «Tendilo un po' di più», e il cacciatore lo fece. Il vecchio gli disse ancora: «Continua a tenderlo». Il cacciatore rispose: «Se tendo il mio arco oltre misura, lo romperò». Il vecchio allora gli disse: «È la stessa cosa nell'opera del Signore: se tendiamo i fratelli troppo, presto saranno spezzati. Quindi ogni tanto è necessario accondiscendere ai loro bisogni». Al sentire quelle parole, il cacciatore fu pieno di contrizione, e partì fortemente edificato dal vecchio saggio. Quanto ai fratelli, se ne ritornarono rafforzati.

13. Abba Antonio sentì parlare di un giovanissimo monaco che aveva compiuto un prodigio lungo la via: questi, infatti, avendo visto alcune persone anziane che camminavano faticosamente sulla strada, aveva ordinato ad alcuni onagri (grossi asini selvatici) di trasportarli fino alla presenza di Antonio. Avendo appreso questo fatto, abba Antonio così rispose: «A mio

avviso, questo monaco somiglia a un battello carico di beni, ma non so se arriverà in porto». E poco dopo, improvvisamente, Antonio si mise a piangere, a strapparsi i capelli e a lamentarsi. I suoi discepoli gli dissero: «Perché piangi, abba?». Il vecchio saggio rispose: «Una grande colonna della Chiesa è appena crollata (parlava del giovane monaco): ma andate da lui, e vedete che cosa è successo». Allora i discepoli partirono e trovarono il monaco seduto su una stuoia, che piangeva l'errore commesso. Vedendo i discepoli del vegliardo, disse: «Dite al vecchio saggio di supplicare Dio perché mi accordi solo dieci giorni e spero di dare soddisfazione». E in capo a cinque giorni, egli morì.

14. I fratelli elogiarono un monaco davanti ad abba Antonio e questi, quando lo ricevette in visita, lo mise alla prova per sapere se sopportava l'ingiuria. Accorgendosi che non la sopportava gli disse: «Tu somigli a una casa magnificamente decorata sulla facciata, mentre da dietro è stata saccheggiata dai ladri».

15. Un fratello disse ad abba Antonio: «Prega per me». Il vecchio saggio gli rispose: «Io non avrò pietà di te, e nemmeno Dio, se tu stesso non farai qualcosa e non supplicherai Dio».

16. Un giorno, alcuni vegliardi, fra i quali si trovava abba Giuseppe, si recarono da abba Antonio. Volendoli mettere alla prova, il ve-

gliardo propose loro una parola della Scrittura e, cominciando dai più giovani, domandò loro che cosa significasse (quella parola). E ciascuno parlava secondo le proprie capacità. Ma a ciascuno, il vecchio saggio diceva: «Non è così!». Per ultimo si rivolse ad abba Giuseppe e gli domandò: «Come spieghi tu questa parola?». Egli rispose: «Non lo so». Allora, abba Antonio disse: «In verità, abba Giuseppe ha trovato la via, poiché ha detto: "Io non lo so"».

17. Alcuni fratelli, provenienti da Sceti, vollero andare da abba Antonio e, mentre prendevano il battello per recarvisi, trovarono un vecchio che aveva la stessa intenzione. I fratelli non lo conoscevano e seduti nel battello parlavano fra di loro delle parole dei padri, della Scrittura, dei loro lavori manuali. Il vecchio invece taceva. Arrivati al porto si accorsero che anche il vecchio si recava da abba Antonio, e quando lo raggiunsero, Antonio disse loro: «In questo vecchio avete trovato un buon compagno di strada». E al vecchio disse: «Hai trovato sulla tua strada dei buoni fratelli, abba». Il vecchio disse: «Certamente, essi sono buoni, ma la loro casa è senza porta e chiunque può entrare a suo piacimento nella stalla e slegare l'asino». E diceva questo perché i fratelli parlavano di tutto ciò che veniva loro alla bocca.

18. Alcuni fratelli si recarono da abba Antonio e gli domandarono: «Come possiamo esse-

re salvati?». Il vegliardo disse loro: «Ascoltate voi la Scrittura? Vi sarà molto utile». Essi replicarono: «Ma noi vogliamo sentirlo da te, padre». Allora il vegliardo disse loro: «Il Vangelo dice: "Se qualcuno ti percuote la guancia destra porgigli anche l'altra"». Essi risposero: «Non possiamo fare questo». Il vegliardo replicò: «Se non potete porgere l'altra, accettate almeno che vi si percuota su una guancia». «Non possiamo nemmeno questo». «Se non potete neppure questo», egli disse, «non rendete il male che avete ricevuto». Ed essi dissero: «Nemmeno questo possiamo». Allora disse al suo discepolo: «Prepara loro una farinata, perché sono malati. Se non potete questo e non volete quello, che cosa posso fare per voi? Voi avete bisogno di preghiere».

19. Un fratello che aveva rinunciato al mondo e distribuito i suoi beni ai poveri, dopo averne conservato un po' per le sue spese personali, si recò a trovare abba Antonio. Informato della cosa, il vecchio saggio gli disse: «Se vuoi diventare monaco va' in quel villaggio, compera un po' di carne e con essa ricopri il tuo corpo nudo, quindi ritorna qui in questa bizzarra tenuta». Il fratello fece così; ma i cani e gli uccelli gli dilaniarono il corpo. Ritornato dal vecchio saggio, questi s'informò se aveva seguito il suo consiglio. Mentre il fratello gli mostrava il suo corpo tutto lacerato, il santo Antonio disse:

«Quelli che rinunciano al mondo, pur volendo conservare parte delle ricchezze, sono dilaniati in questo modo nella lotta contro i demoni».

20. Un giorno, la tentazione bussò al cuore di un fratello della comunità di abba Elia e fu fatta entrare. Cacciato dalla comunità, questo frate si recò sulla montagna, da abba Antonio, ove vi rimase un certo tempo. Poi Antonio lo rimandò nella comunità da dove lo avevano espulso. I fratelli vedendolo lo cacciarono di nuovo e lui ritornò da abba Antonio dicendo: «Padre, non hanno voluto ricevermi». Allora il vecchio saggio mandò a dire loro: «Un battello fece naufragio in mare, perse il suo carico e, con grande fatica, raggiunse la terraferma; ma voi volete ancora gettare in mare ciò che è stato messo al sicuro a terra». I fratelli, apprendendo che era abba Antonio a mandar loro quel monaco, lo ricevettero subito.

21. Abba Antonio disse: «Credo che il corpo possieda un moto naturale, che gli è innato, ma che non avviene senza il consenso dell'anima; nel corpo significa solo un movimento involontario. Vi è un altro moto proveniente dalla nutrizione e dal riscaldamento del corpo che provocano cibo e bevanda: così il calore del sangue stimola l'attività del corpo. Per questo l'apostolo disse: Non vi ubriacate di vino, causa prima della dissolutezza. E nel Vangelo, il Signore fa a sua volta questa raccomandazione ai suoi discepoli: Badate a non

appesantire i vostri cuori con la crapula e l'ubriachezza. Ma c'è anche un altro moto, adatto a quelli che combattono, e che proviene dalle macchinazioni e dalla gelosia dei demoni. Perciò bisogna sapere che vi sono tre moti corporei: uno che viene dalla natura, l'altro dall'abbondanza degli alimenti e il terzo dai demoni».

22. Egli disse ancora: «Dio non permette che questa generazione sia provata come lo era quella degli antichi, perché sa che gli uomini di oggi sono deboli e non possono sostenere simili battaglie».

23. Nel deserto, abba Antonio ebbe questa rivelazione. In città, c'è qualcuno che ti è simile: di mestiere medico, egli dà il superfluo a quanti si trovano nel bisogno, e ogni giorno canta, con gli angeli, al Dio tre volte santo.

24. Tre padri erano soliti andare ogni anno dal beato Antonio. I primi due lo consultavano sui loro pensieri e la salvezza dell'anima; ma il terzo stava completamente zitto, senza fare nessuna domanda. Dopo molto tempo, abba Antonio gli disse: «Vieni qui da tanto tempo, e non mi consulti mai!». L'altro rispose: «Mi basta una sola cosa, padre, vederti».

25. Abba Antonio disse: «Ormai non temo più Dio, ma lo amo: perché l'amore fuga il timore».

26. E disse ancora: «Abbiate sempre davanti agli occhi il timore di Dio. Ricordatevi di colui che dà la morte e la vita. Odiate il mondo e tutto ciò che è nel mondo. Odiate ogni riposo carnale. Rinunciate a questa vita allo scopo di vivere per Dio. Ricordate ciò che avete promesso a Dio, perché ve lo chiederà nel giorno del giudizio. Sopportate la fame, la sete, la nudità, le veglie; siate nell'afflizione e nelle lacrime, gemete nei vostri cuori. Verificate se siete degni di Dio. Disprezzate la carne per salvare le vostre anime».

27. Abba Antonio disse: «Chi batte un pezzo di ferro riflette anzitutto su ciò che vuol farne: una falce, una spada o un'ascia. Così anche noi dobbiamo domandarci quale virtù vogliamo raggiungere, per paura di inaridirci invano».

28. Disse ancora che l'obbedienza unita alla continenza dà potere sulle bestie selvatiche.

29. E disse: «Conosco monaci che, dopo aver sopportato molte sofferenze, sono caduti e sono arrivati all'orgoglio dello spirito perché avevano messo la speranza nelle loro opere e avevano trascurato il precetto di colui che dice: Interroga tuo padre ed egli ti insegnerà».

30. Egli disse ancora: «Nella misura del possibile, bisogna che il monaco comunichi agli anziani quanti passi fa e quante gocce d'acqua beve nella sua cella, per sapere se in questo non s'inganna».

Arsenio

1. Abba Arsenio, quando viveva ancora alla corte di Bisanzio, pregò Dio così: « Signore, guidami sulla via della salvezza ». E una voce gli rispose: « Arsenio, fuggi gli uomini e sarai salvo ».

2. Questi, dopo essersi ritirato a vita solitaria, fece nuovamente la stessa preghiera, e sentì una voce dirgli: « Arsenio, fuggi, taci, osserva il raccoglimento: qui stanno le radici della perfezione ».

3. Un giorno, i demoni assalirono Arsenio nella sua cella prostrandolo. I suoi servi che si recavano da lui lo sentirono dall'esterno della sua cella che gridava a Dio queste parole: « O Dio, non mi abbandonare. Non ho fatto niente di bene al tuo cospetto; ma secondo la tua bontà, concedimi di cominciare ora ».

4. Si diceva di lui che, come nessuno, alla corte, indossava abiti più belli di lui quando ci viveva, la stessa cosa si verificava nella Chiesa: nessuno ne indossava di più ordinari e grossolani.

5. Qualcuno disse al beato Arsenio: « Com'è che noi, con tutta la nostra educazione e co-

noscenza, non otteniamo niente, mentre questi rozzi egiziani acquisiscono tante virtù?». Arsenio rispose: «Noi non ricaviamo niente dalla nostra educazione mondana, e questi rozzi egiziani acquisiscono quelle virtù con le loro proprie sofferenze».

6. Un giorno Arsenio interrogava sui suoi propri pensieri un vecchio egiziano. Avendo udito ciò, un altro gli disse: «Abba Arsenio, tu che hai ricevuto una così bella educazione romana e greca com'è che interroghi questo contadino sui tuoi pensieri?». Egli rispose: «Io ho ricevuto un'educazione romana e greca, ma non conosco ancora l'alfabeto di questo contadino».

7. Un giorno il beato arcivescovo Teofilo, accompagnato da un notabile, si recò a trovare Arsenio e lo interrogò per sentire da lui una parola. Dopo un breve silenzio, il vegliardo gli rispose: «Ciò che vi dirò lo metterete in pratica?». Essi glielo promisero, allora l'anziano disse loro: «Là, dove sentirete che si trova Arsenio, non vi avvicinate».

8. Un'altra volta, l'arcivescovo che aveva l'intenzione di recarsi da lui, per prima cosa mandò qualcuno per sapere se il vecchio saggio gli avrebbe aperto. E Arsenio gli fece sapere: «Se vieni, io ti aprirò; ma se apro a te, aprirò a tutti, e allora non rimarrò più qui». Sentendo

questo, l'arcivescovo disse: «Se il mio andare da lui l'obbligherà a cambiare zona, allora è meglio che io rinunzi a vederlo».

9. Un fratello interrogò Arsenio per sentire da lui una parola, e il vecchio saggio gli disse: «Per quanto ti è possibile sforzati affinché la tua occupazione interiore sia secondo Dio e così vincerai le passioni esterne».

10. Egli disse ancora: «Se cerchiamo Dio, egli si manifesterà a noi; e se lo accogliamo, egli prenderà dimora presso di noi».

11. Un monaco disse ad Arsenio: «I miei pensieri mi preoccupano e mi suggeriscono: tu non puoi né digiunare né lavorare, visita almeno i malati, perché anche questa è carità». Ma il vecchio, scorgendo le ispirazioni dei demoni, gli disse: «Va', mangia, bevi, dormi e non lavorare: solo non lasciare la tua cella». Poiché sapeva che la resistenza nella cella mantiene il monaco nel suo stato.

12. Abba Arsenio diceva che un monaco viaggiando in un paese straniero non deve immischiarsi di niente; così si mantiene nella pace.

13. Abba Marco disse ad Arsenio: «Perché ci eviti?». Il vegliardo gli rispose: «Dio sa che vi amo, ma non posso vivere con Dio e con gli uomini. Le miriadi celesti hanno una sola volontà, mentre gli uomini ne hanno molte. Quin-

di io non posso abbandonare Dio per stare con gli uomini».

14. Abba Daniele diceva di Arsenio che questi passava tutta la notte senza dormire e quando, all'alba, la natura lo costringeva ad andare a dormire, diceva al sonno: «Vieni qui, schiavo cattivo». Allora, seduto, prendeva un po' di sonno e si risvegliava subito.

15. Arsenio diceva che dormire un'ora può bastare al monaco se questi è un buon combattente.

16. Un giorno, a Sceti, furono distribuiti dei piccoli fichi secchi. E poiché non valevano niente, gli anziani non ne portarono ad Arsenio, per non offenderlo. Il vecchio saggio, venutolo a sapere, non andò alla sinassi (assemblea dei fedeli per la celebrazione dei sacri misteri) dicendo: «Voi mi avete escluso, non dandomi l'offerta che Dio aveva inviato ai fratelli e che io non ero degno di ricevere». Tutti impararono e furono edificati dall'umiltà del vegliardo, e il sacerdote andò a portargli i piccoli fichi secchi e lo riportò con gioia alla sinassi.

17. Abba Daniel diceva: «Tutti gli anni in cui rimase con noi, gli facevamo ogni anno una cesta di solo pane; e quando andavamo a trovarlo, mangiavamo di quel pane».

18. Egli affermava pure che abba Arsenio soleva cambiare l'acqua delle foglie di palma solo una volta all'anno; o meglio ne aggiungeva soltanto un po' all'acqua residua. Egli intrecciava le corde e tesseva fino alle sei. Gli anziani lo supplicavano dicendo: «Perché non cambi l'acqua di queste foglie di palma, non senti come puzzano?». Ma egli rispondeva: «Devo subire questa puzza come contropartita di tutti i profumi e gli aromi che usavo nel mondo».

19. Egli diceva ancora che quando abba Arsenio veniva a sapere che ogni specie di frutta era matura, diceva: «Portatemene». E assaggiava tutti i frutti una sola volta, rendendo grazie a Dio.

20. Una volta, mentre era a Sceti, abba Arsenio ebbe bisogno di pane e di frumento. Non potendolo comperare perché era malato, ne ricevette da qualcuno in elemosina, e disse: «Ti rendo grazie, Signore, di avermi giudicato degno di ricevere la carità nel tuo nome».

21. Si diceva che la sua cella era fuori mano trentadue miglia, e che egli ne usciva raramente. Quando Sceti fu devastata, uscì dalla sua cella piangendo e disse: «Il mondo ha perduto Roma, e i monaci hanno perduto Sceti».

22. Abba Marco interrogò abba Arsenio: «È bene non avere alcun sollievo nella propria cella? Conosco infatti un fratello che aveva degli

ortaggi e li ha estirpati». Abba Arsenio rispose: «Certamente va bene, ma a seconda della capacità dell'uomo. Perché se egli non ha forza per una simile pratica, ne pianterà subito altri».

23. Un'altra volta, abba Arsenio disse ad abba Alessandro: «Quando avrai tagliato le tue foglie di palma, vieni a mangiare con me; ma se arrivano persone straniere, mangia con loro». Ora abba Alessandro lavorava lentamente e con attenzione. Quando arrivò l'ora, gli restavano ancora delle foglie e, poiché voleva rispettare la parola del vegliardo, rimase per terminarle. Abba Arsenio, vedendo che ritardava, mangiò da solo, pensando che abba Alessandro avesse degli ospiti. Ma questi, quando ebbe finalmente finito, tornò. E il vegliardo gli domandò: «Hai avuto ospiti?». Gli rispose no. Il vegliardo riprese: «Com'è allora che non sei venuto per pranzo?». L'altro replicò: «Tu mi avevi detto: "Quando avrai tagliato le foglie di palma, vieni". Per rispettare la tua parola non sono venuto, perché non avevo ancora terminato il lavoro». Il vegliardo ammirò il rigore del discepolo e gli disse: «Rompi in fretta il digiuno per recitare senza inquietudine l'ufficio, e bevi la tua acqua, altrimenti il tuo corpo si ammalerà rapidamente».

24. Abba Arsenio un giorno si recò in un posto dove c'erano delle canne agitate dal vento. E il vecchio domandò ai fratelli: «Che è questo movimento?». Essi risposero: «Sono fu-

scelli agitati dal vento». Allora il vegliardo disse loro: «Se qualcuno sta facendo meditazione e sente il canto di un passerotto, il suo cuore non gode più la stessa pace; tanto più voi quando subite il movimento di queste canne!»

25. Un fratello arrivò alla cella di abba Arsenio, a Sceti. Mentre guardava attraverso la finestra, vide il vegliardo come fosse interamente di fuoco (il fratello era degno di quello spettacolo). Quando bussò, il vegliardo aprì e vide il fratello tutto sconvolto. Gli domandò: «È molto che bussi? Per caso hai visto qualcosa qui?». L'altro rispose di no. Allora s'intrattenne con lui, quindi lo congedò.

26. Quando abba Arsenio abitava a Canopos, una giovane di rango senatoriale, molto ricca e timorata di Dio, venne da Roma per vederlo. Ricevuta dall'arcivescovo Teofilo, gli domandò di persuadere il vegliardo a riceverla. L'arcivescovo andò a riferire l'invito in questi termini: «Una giovane, di rango senatoriale, viene da Roma e desidera vederti». Il vegliardo rifiutò di incontrarla. Quando l'arcivescovo ebbe informato la giovane, questa ordinò di mettere il basto agli animali da soma, e disse: «Ho fiducia in Dio, e vado a trovarlo, perché non è un uomo che sono venuta a vedere (ce ne sono tanti nella nostra città), ma un profeta». Quando si avvicinò alla cella del vegliardo, questi, per un disegno di Dio, ne stava uscendo. Vedendo-

lo, la donna si gettò ai suoi piedi, ma egli la rialzò con collera e fissandola le disse: « Se vuoi vedere il mio volto, ecco, guarda ». Lei, tutta vergognosa, non guardava il suo volto. Allora il vegliardo continuò: « Non hai sentito parlare del mio impegno? Dovevi considerarlo. Come hai osato fare un simile viaggio? Non sai che essendo una donna, tu non devi andare ovunque? Oppure è per dire ad altre donne, quando torni a Roma: Ho visto Arsenio? Allora esse faranno del mare una strada di donne che vengono da me ». Lei gli rispose: « Se al Signore piace, io non lascerò venire nessuno qui; ma prega per me e ricordati di me in continuazione ». Ma egli replicò: « Prego Dio di togliere dal mio cuore il tuo ricordo ». Al sentire queste parole, la donna si ritirò sconvolta.

Ritornata in città, le venne la febbre per il dispiacere e fece sapere al beato Teofilo di essere malata. Egli si recò da lei e la invitò a dirgli che cosa avesse. E lei rispose: « Se solo non fossi venuta qui! Ho chiesto al vegliardo di ricordarsi di me e lui mi ha detto: "Prego Dio di togliere il tuo ricordo dal mio cuore". Ed ecco, io sto morendo di dispiacere ». L'arcivescovo replicò: « Tu sei una donna, non sai che è attraverso le donne che il nemico combatte i santi? È questa la ragione delle parole del vecchio saggio; ma per la tua anima, egli prega continuamente ». Lo spirito della giovane fu così guarito, e con gioia ella ritornò a casa sua.

27. Abba Daniele raccontava questo di abba Arsenio: Un giorno, un alto funzionario venne a portargli il testamento di un senatore della sua famiglia, il quale gli lasciava una grossissima eredità. Arsenio, preso il testamento, voleva strapparlo. Ma il funzionario gli si gettò ai piedi dicendo: «Ti supplico, non lo strappare; altrimenti mi taglieranno la testa». Abba Arsenio gli rispose: «Io sono morto prima di quel senatore che è appena morto». E gli rese il testamento senza accettare niente.

28. Di lui si diceva anche che la sera del sabato, mentre la domenica si accingeva a risplendere, egli girava le spalle al sole e tendeva le mani verso il cielo pregando fino a quando il sole avesse di nuovo illuminato il suo volto, e soltanto allora si sedeva.

29. Si diceva anche che abba Arsenio e abba Teodoro da Ferme odiassero soprattutto la stima degli uomini. Abba Arsenio non riceveva facilmente alcuna persona, mentre abba Teodoro, se incontrava gli altri, era come una spada.

30. All'epoca in cui risiedeva nelle regioni inferiori, abba Arsenio si sentiva oppresso, perciò decise opportunamente di lasciare la sua cella. Senza portar nulla con sé, si recò dai suoi discepoli di Faran, Alessandro e Zoilo, e disse ad Alessandro: «Alzati, sali in barca», ciò che egli fece. E disse a Zoilo: «Vieni con me fino al

fiume, e cercami una barca che mi trasporti fino ad Alessandria, poi imbarcati anche tu, per rintracciare tuo fratello». Zoilo, benché turbato da queste parole, mantenne il silenzio, e quindi si separarono. Il vegliardo scese nella regione di Alessandria, ove si ammalò gravemente. I suoi discepoli si dicevano l'un l'altro: «Forse che uno di noi l'ha rattristato e per questo si è separato da noi?». Ma non trovavano niente da rimproverarsi, nessuna disobbedienza.

Una volta guarito, il vegliardo disse: «Ritornerò dai miei padri». E, risalendo il fiume, arrivò a Petra dove erano i suoi discepoli. Mentre era vicino al fiume, una piccola schiava etiope andò a toccare il suo mantello. Il vegliardo la rimproverò, e lei rispose: «Se sei monaco va' sulla montagna». Egli vi andò e lassù lo incontrarono Alessandro e Zoilo, e mentre questi si gettavano ai suoi piedi, anche lui si lasciò cadere e piansero insieme. Il vegliardo disse loro: «Non avete sentito dire che ero malato?». Essi risposero di sì. «Allora», riprese, «perché non siete venuti a trovarmi?». Abba Alessandro disse: «La tua lontananza da noi non e stata capita, e molti non ne sono stati edificati, e dicevano: "Se non avessero disobbedito al vegliardo, egli non si sarebbe separato da loro"». Abba Arsenio rispose: «Ora, nell'ordine inverso, si dirà che la colomba non trovando ove riposare ritornò verso Noè nell'arca». Così essi furono rincuorati, e rimasero con lui fino alla sua morte.

31. Abba Daniele disse: Abba Arsenio ci raccontò come se si trattasse di un altro, ma si trattava proprio di lui, il fatto seguente: Un vegliardo seduto nella sua cella, sentì una voce dirgli: «Vieni e ti mostrerò le opere degli uomini». Egli si alzò e partì. La voce lo condusse in un luogo qualsiasi e gli mostrò un etiope che tagliava la legna e ne faceva un gran mucchio. Egli si sforzava, ma invano, di portarla. E invece di toglierne, tagliò ancora altra legna che aggiunse al mucchio. E fece così per molto tempo. Andando avanti ancora un po', il vegliardo vide un uomo, che stava sulla riva di un lago attingendo l'acqua che travasava in un recipiente bucato, tanto che l'acqua ricadeva subito nel lago. Poi la voce disse al vegliardo: «Vieni, che ti mostro altro». Egli vide un tempio e due uomini a cavallo, che portavano un tronco di legno di traverso, l'uno accanto all'altro. Questi volevano entrare dalla porta, ma non potevano farlo perché il loro tronco di legno era di traverso. E uno non voleva cedere il passo all'altro per portare il legno diritto, e così restavano fuori della porta. La voce disse al vegliardo: «Questi uomini portano il giogo della giustizia con orgoglio, e non si umiliano per correggersi e camminare sull'umile strada di Cristo; così restano fuori dal regno di Dio. L'uomo che taglia la legna è colui che vive in molti peccati: invece di pentirsi, aggiunge altre colpe ai suoi peccati. E colui che attinge l'acqua è l'uomo che fa delle buone

azioni ma, mescolandole alle cattive, rovina anche le sue opere buone. Bisogna quindi che ogni uomo stia attento ai suoi atti, per non lavorare invano».

32. Il medesimo diceva che abba Arsenio una volta lo chiamò e gli disse: «Conforta tuo padre, affinché quando andrà verso il Signore egli interceda per te e tu ne tragga del bene».

33. Abba Daniele diceva: «Sul punto di morte, abba Arsenio ci fece dire: Non vi preoccupate di fare delle offerte per me: infatti, se ho fatto un'offerta per mio conto, ne troverò il beneficio».

34. Poiché abba Arsenio era sul punto di morire, i suoi discepoli si sentivano turbati. Egli disse loro: «L'ora non è ancora venuta; quando verrà ve lo dirò. Ma sarei giudicato con voi davanti al temibile tribunale se mai deste la mie spoglie a qualcuno». Essi gli domandarono: «Che cosa possiamo fare? Noi non sappiamo seppellire». Il vegliardo disse loro: «Non sarete capaci di attaccare una corda al mio piede e tirarmi sulla montagna?». Ed ecco quale era la parola del vegliardo: «Arsenio, perché hai lasciato il mondo? Io mi sono spesso pentito di aver parlato, ma mai di aver taciuto». E quando la sua morte fu vicina, i fratelli, vedendolo piangere, gli dissero: «Anche tu hai paura, padre?». «In verità», rispose loro, «il timore che è in me

in quest'ora, mi accompagna da quando mi sono fatto monaco». E così si addormentò.

35. Si diceva che per tutta la vita egli avesse messo un panno sul suo petto quando era seduto a lavorare, a causa delle lacrime che gli scendevano dagli occhi. E abba Poemen, venuto a sapere della sua morte, disse piangendo: «Beato sei tu, abba Arsenio, poiché hai pianto su di te in questo mondo! Perché chi non piange su se stesso quaggiù, piangerà eternamente laggiù; così, volontariamente quaggiù o costretti dalla sofferenza laggiù, è impossibile non piangere».

36. Abba Daniele raccontava, riguardo ad abba Arsenio, che egli non volle mai rispondere a una domanda sulla sacra Scrittura, sebbene l'avrebbe potuto benissimo fare, se l'avesse voluto. E non scriveva volentieri neppure una lettera. Quando, ogni tanto, veniva in chiesa, si sedeva dietro a un pilastro affinché nessuno vedesse il suo volto e lui stesso non faceva attenzione agli altri. Il suo aspetto era angelico, come quello di Giacobbe. Era magro, i capelli completamente bianchi, e una gran barba che gli scendeva fino alla cintola. A forza di piangere, le sue ciglia erano cadute. Di alta statura, egli si curvava sotto il peso della vecchiaia: morì infatti a novantacinque anni. Trascorse quarant'anni della sua vita al palazzo di Teodosio il Grande, facendo da precettore ai giovani Arcadio e Honorio; poi visse quarant'anni a Sceti, dieci anni

a Troa, sopra Babilonia, di fronte a Menfis, e tre anni a Canopos d'Alessandria. Negli ultimi due anni prima della sua morte tornò a Troa ove, terminando la sua corsa nella pace e nel timore di Dio, morì. Era un uomo buono, pieno di Spirito santo e di fede. Alla sua morte mi lasciò la sua tunica di pelle, il suo cilicio bianco e i suoi sandali fatti di foglie di palma. Sebbene indegno, io li porto per essere pieno di benedizioni.

37. Un giorno alcuni vegliardi si recarono da abba Arsenio e insistettero per incontrarlo, ed egli acconsentì a riceverli. Gli chiesero, allora, di dir loro una parola circa la vita di raccoglimento e di segregazione. Il vegliardo rispose loro: «Per tutto il tempo che la giovane vive nella casa di suo padre, molti giovani vogliono sposarla; ma quando ha preso marito, ella non piace più a tutti: disprezzata da alcuni, esaltata da altri, non gode più della stima di una volta, quando viveva nascosta. La stessa cosa è per l'anima: dal giorno in cui la si fa vedere a tutti, essa non può più soddisfare tutti».

Agatone

1. Abba Pietro, discepolo di abba Lot, diceva: «Un giorno che mi trovavo nella cella di abba Agatone, un fratello venne a dirgli: "Desidero abitare con dei fratelli, dimmi come restare con loro". Il vegliardo gli rispose: "Conserva, per tutti i giorni della tua vita, la mentalità di straniero che avevi il primo giorno quando andasti da loro, per non diventare troppo libero con essi"».

Allora abba Macario domandò: «E che cosa produce questa libertà?». Il vegliardo rispose: «Essa assomiglia a un vento bruciante e violento, ogni volta che si alza, tutti fuggono davanti a lui che distrugge i frutti degli alberi». Abba Macario riprese: «La libertà di linguaggio è dunque molto deplorevole?». E abba Agatone rispose: «Non vi è passione più temibile della libertà di linguaggio, perché riproduce tutte le passioni. Così è opportuno che l'uomo laborioso non ne faccia uso, anche se vive da laborioso nella sua cella. Io so che un fratello, il quale aveva passato molto tempo in una cella ove si trovava un lettino, diceva: Avrei lasciato la cella senza notare il lettino se nessuno me ne avesse parlato. Ecco cos'è il monaco laborioso e combattente».

2. Abba Agatone soleva dire: «Il monaco deve vivere in modo che giammai la sua coscienza possa rimproverargli qualcosa».

3. Egli diceva anche che, se l'uomo non osserva i comandamenti di Dio, non può progredire, nemmeno in una sola virtù.

4. E affermava: «Non mi sono mai addormentato con un risentimento contro qualcuno e, per quanto ho potuto, non ho mai lasciato che qualcuno si addormentasse con un motivo di risentimento verso di me».

5. Riguardo ad abba Agatone, si diceva che alcune persone, avendo sentito parlare del suo grande discernimento, andarono a trovarlo, e per metterlo alla prova gli dissero: «Sei tu quell'Agatone che si dice sia fornicatore e orgoglioso?». Egli rispose: «Sì, è proprio vero». Essi ripresero: «Sei tu quell'Agatone che racconta continuamente sciocchezze e parla male degli altri?». «Sono io». E gli dissero ancora: «Sei tu Agatone l'eretico?». Ma egli rispose: «Io non sono eretico». Essi allora gli domandarono: «Perché hai accettato tutte le accuse che ti abbiamo rivolto, ma hai rifiutato quest'ultimo rimprovero?». Egli rispose: «Le prime accuse io le faccio a me stesso, perché sono utili all'a-

nima mia. Ma l'eresia è la separazione da Dio, e io non voglio essere separato da Dio». A queste parole, essi ammirarono il suo discernimento e se ne andarono edificati.

6. Di abba Agatone si racconta che passò molto tempo a costruire una cella con i suoi discepoli. Finita la cella, andarono finalmente ad abitarvi. Fin dalla prima settimana, vedendo qualcosa che gli sembrava nocivo, disse ai suoi discepoli: «Alzatevi, andiamo via di qui». Loro, agitati e perplessi, gli dissero: «Se avevi intenzione di traslocare, perché sopportare tanta fatica a costruire la cella? Gli uomini si scandalizzeranno per colpa nostra e diranno: Ecco, gli instabili traslocano ancora!». Vedendoli così demoralizzati, disse loro: «Se alcuni si scandalizzano, altri, al contrario, saranno molto edificati e diranno: Beati loro che lasciano il proprio paese per la causa di Dio, non tenendo in considerazione niente altro. Tuttavia, chi vuol venire, venga; quanto a me, io me ne vado». Allora questi si prosternarono fino a terra e lo supplicarono finché non permise loro di partire insieme.

7. Di lui si diceva anche che spesso cambiava luogo, portando con sé solo il coltello per confezionare cestini di vimini.

8. Ad abba Agatone venne chiesto: «È migliore la pena corporale o la vigilanza interiore?». Il vegliardo rispose: «L'uomo somiglia a

un albero: la pena corporale è il fogliame e la vigilanza interiore il frutto. Poiché, secondo quanto sta scritto, ogni albero che non produce frutti buoni sarà tagliato e gettato nel fuoco, è evidente che ogni nostra cura deve mirare al frutto, cioè alla sorveglianza dello spirito; ma il frutto ha bisogno della protezione e dell'ornamento delle foglie che sono la pena corporale».

9. I fratelli gli domandarono ancora: «Padre, qual è, fra le opere buone, la virtù che richiede maggiore sforzo?». Egli rispose loro: «Perdonatemi, ma io credo che non vi sia maggiore sforzo di quello richiesto per pregare Dio. In effetti, ogni qualvolta l'uomo decide di pregare, i suoi nemici fanno di tutto per impedirglielo. Essi sanno, infatti, che possono impedire il suo cammino spirituale soltanto distogliendolo dalla preghiera. Qualsiasi opera buona che una persona intraprende, se sarà perseverante troverà la pace. Ma per la preghiera bisognerà combattere fino all'ultimo respiro».

10. Abba Agatone aveva uno spirito saggio e un corpo attivo; bastava a se stesso in tutto: lavoro manuale, cibo e indumenti.

11. Un giorno Agatone camminava con i suoi discepoli. Uno di loro, trovando sulla strada un pisellino verde, disse al vegliardo: «Padre, mi permetti di prenderlo?». Il vegliardo lo guardò con meraviglia e gli disse: «L'hai messo

tu qui?». Il fratello rispose di no. «Allora», continuò il vegliardo, «vuoi prendere ciò che tu non hai deposto?»

12. Un fratello interrogò il vegliardo: «Ho ricevuto un ordine ma per un luogo ove c'è da lottare. Per obbedire all'ordine voglio andarci, ma temo la lotta». Il vegliardo gli disse: «Se riguardasse Agatone, egli adempirebbe il comandamento e vincerebbe la battaglia».

13. A Sceti c'era stata una riunione per una faccenda ordinaria, ed era stata presa una decisione. Agatone, arrivando più tardi, disse loro: «Non avete ben deciso della faccenda». Essi risposero: «Chi sei tu che parli così?». «Figlio d'uomo», rispose Agatone, «poiché sta scritto: Se veramente dite ciò che è giusto, giudicate rettamente, figli degli uomini».

14. Si diceva che abba Agatone visse tre anni con un sasso in bocca, allo scopo di osservare il silenzio.

15. Agatone diceva: «Un uomo in collera, anche se risuscitasse un morto non sarebbe gradito a Dio».

16. Un giorno che alcuni fratelli s'intrattenevano a parlare della carità, abba Giuseppe domandò: «Sappiamo veramente cos'è la carità?». E raccontò di abba Agatone, che un giorno ricevette la visita di un fratello il quale, dopo averlo

salutato, non lo lasciò andare via senza ottenere prima il coltellino che questi possedeva.

17. Di abba Agatone si diceva come si sforzasse di compiere tutti i comandamenti. Se viaggiava su una nave, era il primo a maneggiare il remo; e se i fratelli andavano a trovarlo, con le proprie mani apparecchiava la tavola, subito dopo la preghiera: il fatto è che Agatone era un uomo pieno dell'amore di Dio.

18. Sul punto di morire, rimase tre giorni con gli occhi spalancati e fissi. I fratelli, sapendo che egli applicava in tutto una estrema vigilanza e diceva: «Senza una grande vigilanza, l'uomo non progredisce neanche in una sola virtù», lo scossero per domandargli: «Abba Agatone, dove sei?». Rispose: «Sto davanti al tribunale di Dio». Essi ripresero: «Hai paura anche tu, padre?». Egli rispose: «Finora ho fatto tutto il possibile per osservare i comandamenti di Dio, ma sono un uomo: come potrei sapere se le mie opere sono gradite a Dio?». I fratelli gli domandarono ancora: «Non credi che la tua opera sia stata secondo Dio?». Il vegliardo rispose: «Io sarò tranquillo solo quando avrò incontrato Dio. Infatti, una cosa è il giudizio di Dio, e un altro il giudizio degli uomini». Siccome volevano interrogarlo ancora, egli disse loro: «Fatemi la carità, non parlatemi più, perché non ho più tempo». E morì nella gioia. Ed essi lo videro partire come qualcuno che saluta gli amici più cari.

Ammonas

1. Un fratello interrogò abba Ammonas: «Dimmi una parola». E il vegliardo rispose: «Va', modella il tuo pensiero su quello dei malfattori che sono in prigione, perché essi interrogano continuamente per sapere dov'è il giudice e quando verrà; e aspettarlo li affligge. Così il monaco deve in ogni tempo dedicarsi ad accusare la propria anima dicendo: "Guai a me! come starò davanti al tribunale di Cristo? Che cosa avrò da dirgli in mia difesa?". Se ti dedichi continuamente a ciò, potrai essere salvato».

2. Abba Ammonas diceva: «Ho passato quattordici anni a Sceti supplicando Dio giorno e notte perché mi conceda di vincere la collera».

3. Uno dei padri raccontava che alle Celle c'era un vegliardo laborioso, vestito di una stuoia, che andò a trovare abba Ammonas. Questi, quando lo vide vestito di una stuoia gli disse: «Questo non ti serve a niente». Ma il vegliardo lo interrogò in questi termini: «Sono sollecitato da tre pensieri: o errare nei deserti, o partire per una terra straniera ove nessuno mi conosce, o anche rinchiudermi in una cella sen-

za incontrare nessuno e mangiando solo ogni due giorni». Abba Ammonas gli rispose: «È meglio per te non realizzare alcuno di questi tre progetti. Resta piuttosto nella tua cella e mangia un po' ogni giorno, conservando sempre nel tuo cuore la parola del pubblicano, e potrai essere salvo».

4. A suo riguardo, si diceva che un giorno alcune persone si recarono da lui per essere giudicate. Il vegliardo, allora, simulò di essere pazzo, e una donna che gli stava accanto disse alla sua vicina: «Quel vegliardo è pazzo». Questi la sentì, la chiamò e le disse: «Quanto ho penato nel deserto per acquisire questa pazzia, e a causa tua dovrei perderla oggi!»

5. Ad abba Ammonas fu chiesto: «Qual è la via stretta e difficile?». Egli rispose: «La via stretta e difficile è il reprimere i propri pensieri e spogliarsi della propria volontà per piacere a Dio. E ciò è anche il senso di quella frase: "Ecco, noi abbiamo lasciato tutto per seguirti..."».

Achille

1. Tre vegliardi, uno dei quali non aveva una buona reputazione, si recarono un giorno da abba Achille. Uno di loro gli chiese: «Padre, fammi una sagena (attrezzo per la pesca)». «Io non te la farò», rispose. Il secondo disse allora: «Falla, per carità, per poter avere un tuo ricordo in monastero». Ma egli disse: «Non ho il tempo». Allora il terzo, che aveva una cattiva reputazione, chiese: «Fammi una sagena, perché abbia qualcosa dalle tue mani, padre». Abba Achille gli rispose subito: «Per te, la farò». Allora, in privato, gli altri due vegliardi gli domandarono: «Perché non hai voluto fare per noi ciò che ti chiedevamo, mentre a costui hai risposto: Per te la farò?». Il vegliardo dette loro questa risposta: «Io vi ho detto che non l'avrei fatta, e voi non ne siete stati addolorati, pensando che non ne avessi il tempo. Ma se io non la facessi per costui, egli direbbe: Il vegliardo ha sentito parlare del mio peccato, per questo non vuole farmela. E in tal caso avremmo troncato il legame. Quindi ho risvegliato la sua anima affinché non sprofondi nella tristezza».

2. Un giorno abba Achille si recò alla cella di abba Isaia, a Sceti, e lo trovò che stava mangiando. Egli metteva in un piatto del sale e dell'acqua. Il vegliardo vedendo che nascondeva il tutto dietro trecce di giunco gli domandò: «Dimmi, che cosa mangiavi?». Egli rispose: «Perdonami, padre, io tagliavo delle foglie di palma e sono rientrato in piena calura; mi sono messo in bocca un pezzo con del sale, ma la calura mi aveva inaridito la gola e il boccone non scendeva. Così fui costretto ad aggiungere un po' d'acqua al sale per poter ingoiare. Ma perdonami». E il vegliardo disse: «Venite tutti a vedere Isaia che mangia la salsa a Sceti. Se vuoi mangiare la salsa, va' in Egitto».

3. Un vegliardo che si recava da abba Achille lo trovò che sputava sangue dalla bocca, e gli domandò: «Che cos'è, padre?». Il vegliardo rispose: «È la parola di un fratello che mi ha addolorato: ho lottato per non dirglielo, e ho pregato Dio di liberarmi da questa parola. Allora questa divenne come sangue nella mia bocca e l'ho sputata. E ora sono in pace, poiché ho dimenticato la mia pena».

Ammoes

1. Di abba Ammoes si diceva che quando si recava in chiesa, non permetteva al suo discepolo di camminargli troppo vicino, ma a una certa distanza; e se questi lo interrogava sui suoi pensieri lo allontanava immediatamente dopo avergli risposto, dicendogli: «Non ti tengo vicino a me per timore che dopo parole di edificazione si scivoli in una conversazione estranea».

2. Fin dall'inizio, Abba Ammoes disse ad abba Isaia: «Come mi consideri tu ora?». Egli rispose: «Come un angelo, padre». E più tardi gli domandò: «E ora come mi consideri?». Egli rispose: «Come Satana. Anche se tu mi dici una parola buona, essa è per me come una spada».

3. Di abba Ammoes si diceva che la malattia lo tenne a letto per lunghi anni, e che mai si permise di pensare al suo ripostiglio, per vedere quello che conteneva, giacché a causa della sua malattia gli portavano molte cose. Quando il suo discepolo Giovanni entrava o usciva, egli chiudeva gli occhi per non vedere ciò che faceva, poiché sapeva che era un monaco fedele.

Ammonio

1. Abba Ammonio, il nitriota, si recò da abba Antonio e gli domandò: « Mi rendo conto di applicarmi più di te: come mai il tuo nome è più conosciuto del mio presso gli uomini? ». Abba Antonio gli rispose: « È perché io amo Dio più di te ».

2. Si diceva che abba Ammonio si contentasse di una quantità minima di frumento ogni due mesi.

Un giorno andò a trovare abba Poemen e gli disse: « Quando vado nella cella del mio vicino, o lui viene nella mia per una qualsiasi necessità, temiamo di avviare una conversazione per paura che vi si insinuino parole estranee ».

Il vegliardo gli rispose: « Fai bene, perché la gioventù ha bisogno di vigilanza ».

Allora abba Ammonio riprese: « Ma gli antichi, che cosa facevano? ».

Ed egli rispose: « Gli antichi, progrediti in virtù, non avevano niente di esteriore in sé, né di estraneo nella loro bocca, di cui potessero parlare ».

« Ma », riprese Ammonio, « se io sono nella necessità di parlare col mio vicino, preferisci che io parli delle Scritture o delle parole dei vegliardi? ».

Il vegliardo gli rispose: « Se tu non puoi tacere, è meglio discutere delle parole dei vegliardi che della Scrittura, poiché il pericolo non è minimo ».

Anoub

1. Abba Giovanni diceva che abba Anoub, abba Poemen e gli altri loro fratelli, che erano usciti dallo stesso ambiente e si erano fatti monaci a Sceti, quando arrivarono i Mazichi che devastarono quella regione la prima volta, partirono per un luogo chiamato Terenutin. In attesa di sapere ove dovevano sistemarsi, rimasero alcuni giorni in un vecchio tempio. Abba Anoub disse allora ad abba Poemen: «Per carità, tu e ognuno dei tuoi fratelli cercate di vivere nel ritiro, ciascuno dalla propria parte, senza che ci siano incontri per tutta la settimana». Abba Poemen rispose: «Faremo come desideri», e così fecero.

Ora, là, nel tempio, c'era una statua di pietra. Abba Anoub, quando al mattino si svegliava, gettava pietre sul volto della statua, e alla sera diceva: «Perdonami». E fece così per tutta la settimana. Il sabato si riunirono e abba Poemen domandò ad abba Anoub: «Io ti ho visto, abba, per tutta la settimana gettare pietre sul volto della statua, e chiederle perdono. Un credente fa questo?». Il vegliardo gli rispose: «Ho fatto questo per voi. Quando mi avete visto gettar pietre sul volto della statua, questa mi ha parlato o si è arrabbiata?». Abba Poemen rispose di no. «Oppure, quando mi inchinavo per la penitenza, si è turbata e mi ha detto: Non ti perdono?». E abba Poemen rispose ancora di no. Allora il vegliardo riprese: «E noi siamo sette fratelli. Se volete che rimaniamo insieme, dobbiamo essere come quella statua: che la si insulti o che la si lusinghi, essa non si turba. Se non volete divenire così, là, nel tempio, ci sono quattro porte: che ognuno vada dove vuole». Allora i fratelli si prostrarono e dissero ad abba Anoub: «Faremo secondo il tuo desiderio, padre, e ascolteremo ciò che ci dirai». E abba Poemen aggiungeva: «Rimanemmo insieme per il resto del tempo, lavorando secondo ciò che il vegliardo ci diceva. Uno di noi fu da lui costituito economo, e tutto quello che portava lo mangiavamo e nessuno di noi poteva dire: Portaci, un giorno, qualcosa d'altro, oppure: Non vogliamo mangiare quella cosa. E passammo così tutto il nostro tempo nel riposo e nella pace».

2. Abba Anoub diceva: «Dal giorno in cui il nome di Cristo è stato invocato su di me, nessuna menzogna è uscita dalla mia bocca».

Abramo

Si raccontava di un vegliardo che aveva passato cinquant'anni senza mangiare pane né bere vino con soddisfazione. Egli diceva anche: «Ho distrutto in me la fornicazione, l'avarizia e la vanagloria».

Abba Abramo apprendendo che aveva detto questo, gli domandò: «Sei tu che hai pronunciato questa parola?»

Egli rispose di sì.

Allora abba Abramo gli disse: «Immagina, rientrando nella tua cella, di trovare una donna sul tuo letto: puoi in tal caso pensare che non sia una donna?».

«No», rispose, «ma lotto contro il mio pensiero per non toccarla».

Allora abba Abramo gli disse: «Vedi, tu non hai distrutto questa passione, ma essa vive in te, benché incatenata. Ma immagina di nuovo che passeggiando tu veda dell'oro in mezzo alle pietre e le conchiglie, può la tua mente ritenerle dello stesso valore?»

«No», rispose, «ma lotterò contro il mio pensiero per non raccogliere l'oro».

Il vegliardo gli disse: «Vedi, questa passione vive ancora in te, benché incatenata». Abba Abramo riprese ancora una volta: «Immagina di apprendere che, di due fratelli, uno ti ama mentre l'altro ti odia e dice male di te; se vengono a trovarti, li riceverai tutti e due con la stessa benevolenza?»

«No», rispose, «ma lotterò contro il mio pensiero per essere buono sia verso chi mi odia che verso chi mi ama».

Abba Abramo gli replicò: «In questo modo le passioni continuano a vivere, ma sono solamente incatenate dai santi».

Ares

Abba Abramo andò a trovare abba Ares. Essi erano seduti insieme, quando un fratello chiese al vegliardo: «Dimmi quello che devo fare per essere salvato». Questi rispose: «Va', e per tutto quest'anno mangia solo pane e sale, alla sera, poi, torna qui e ti parlerò». Il monaco se ne andò e fece così. Trascorso l'anno, egli ritornò da abba Ares. Ora, abba Abramo si trovava per caso ancora lì e il vegliardo disse nuovamente al fratello: «Va', digiuna ancora tutto questo anno un giorno su due». Quando il fratello se ne fu andato, abba Abramo domandò ad abba Ares: «Perché consigli a tutti i fratelli un giogo leggero, mentre imponi a questo fratello un carico pesante?». Il vegliardo gli rispose: «A seconda di quello che i fratelli vengono a cercare, così li rinvio. Ora questo fratello è a causa di Dio che viene a chiedere una parola, poiché è un uomo laborioso e ciò che io gli dico egli lo compie con premura. Per questo, anche io gli dico la parola di Dio».

Alonio

1. Abba Alonio disse: «Se l'uomo non dice nel suo cuore: Al mondo ci sono solo io e Dio, egli non otterrà riposo».

2. E disse ancora: «Se l'uomo lo volesse, dal mattino alla sera raggiungerebbe la misura divina».

Appi

Si raccontava di un vescovo di Oxyrrynchos chiamato abba Appi che, quando era monaco, si sottometteva a una disciplina di vita molto austera. E quando divenne vescovo egli volle, anche nel mondo, usare la stessa austerità, ma non ne aveva la forza. Quindi si prosternò davanti a Dio dicendo: «Forse che a causa del mio episcopato la tua grazia si è allontanata da me?». Allora ebbe questa rivelazione: «No, ma prima c'era il deserto e, poiché non c'era nessun altro, Dio ti veniva in aiuto; ma ora che tu sei nel mondo, ci sono gli uomini».

Bessarione

β

1. Abba Doulas, il discepolo di abba Bessarione, diceva:

Un giorno che camminavamo sulla riva del mare, ebbi sete e dissi ad abba Bessarione: «Padre, io ho una gran sete». Egli fece una preghiera e mi disse: «Bevi l'acqua del mare». L'acqua si trovò addolcita e ne bevvi, quindi ne presi ancora un po' e la conservai in un otre, temendo di aver sete più tardi. Vedendo questo, il vegliardo mi domandò perché io conservassi l'acqua. Gli risposi: «Perdonami, padre, la conservo perché temo di aver sete più tardi». Allora il vegliardo replicò: «Dio è qui, Dio è ovunque».

2. Un altro giorno, abba Bessarione aveva la necessità di attraversare un fiume. Fece una preghiera e attraversò il fiume Chrysoroas a piedi, continuando così il suo cammino. Pieno di ammirazione, gli domandai perdono e dissi: «Come sentivi i tuoi piedi quando camminavi sull'acqua?». Mi rispose: «Io sentivo l'acqua fino al calcagno; per il resto, il terreno era solido».

3. Un altro giorno ancora, mentre il sole era al tramonto e noi andavamo a casa di un anziano, il vegliardo fece questa preghiera: «Ti prego, Signore, fa' che il sole si fermi finché arrivo dal tuo servo».

Ed è ciò che avvenne.

4. Un giorno, mentre mi recavo nella sua cella, lo trovai in piedi per la preghiera, con le mani tese verso il cielo. Rimase intento così per quattordici giorni. Poi mi chiamò e mi disse di seguirlo, e andammo nel deserto.

Poiché avevo sete, gli dissi: «Padre, ho sete». Allora il vegliardo, dopo aver preso il mio mantello, si allontanò a un tiro di sasso e, dopo aver pregato, me lo riportò pieno d'acqua. Poi arrivammo a una caverna ove, appena entrati, trovammo un fratello seduto, occupato a intrecciare una corda. Egli non alzò gli occhi su di noi, né ci salutò; era evidente che non desiderava attaccar discorso con noi.

Continuammo il nostro cammino verso Lyco finché arrivammo da abba Giovanni. Dopo averlo salutato, recitammo la preghiera, poi i vegliardi si sedettero per parlare della visione che egli aveva avuto. Abba Bessarione disse, infatti, che gli era stato rivelato che i templi sarebbero stati distrutti. Ed è quanto avvenne: furono distrutti. Tornando indietro, arrivammo nuovamente alla caverna ove avevamo visto il fratello.

Il vegliardo mi disse: « Entriamo da lui, forse Dio gli ha rivelato di parlarci ».

Quando fummo entrati, lo trovammo morto. Il vegliardo mi disse: « Vieni, fratello, prendiamo il suo corpo; è per questo che Dio ci ha mandati qui ». Prendendo il corpo per seppellirlo, ci accorgemmo che era una donna. Il vegliardo, colmo di ammirazione, disse: « Vedi come le donne trionfano su Satana, mentre noi, nelle città, ci comportiamo male ». E dopo aver reso grazie a Dio, che protegge quelli che egli ama, ci allontanammo.

5. Un uomo posseduto dal demonio arrivò un giorno a Sceti e in chiesa si pregò su di lui. Ma il demonio non lo lasciò, perché era tenace. I chierici domandarono: « Che cosa possiamo fare contro questo demonio?

Nessuno può cacciarlo tranne abba Bessarione, ma se noi lo chiamiamo, non verrà nemmeno in chiesa. Allora facciamo così: poiché egli arriva in chiesa presto, prima di tutti, facciamo dormire al suo posto l'indemoniato e teniamoci in disparte in preghiera. Quando verrà abba Bessarione, gli diremo: Sveglia il fratello, abba! ». Così fecero e quando il vegliardo arrivò di buonora, essi stettero in preghiera e gli dissero: « Sveglia il fratello, abba! ». Il vegliardo gli disse: « Alzati ed esci ». Subito il demonio si allontanò da lui e da quel momento il fratello fu guarito.

6. Abba Bessarione diceva: «Per quaranta giorni e quaranta notti sono stato in piedi in mezzo alle spine, senza dormire».

7. Un prete cacciò dalla chiesa un fratello che aveva peccato.

Abba Bessarione si alzò e uscì con lui, dicendo: «Anch'io sono peccatore».

8. Abba Bessarione, sul punto di morire, disse:

«Il monaco deve essere come i cherubini e i serafini: solo un occhio».

Beniamino

1. Abba Beniamino, il prete delle Celle, disse: « Noi andammo a Sceti da un vegliardo, per portargli un po' d'olio, ma quest'ultimo ci disse: "Guardate dov'è il vasetto che mi avevate portato tre anni fa: è rimasto come l'avevate messo". A quelle parole, ammirammo la virtù del vegliardo ».

2. Lo stesso vegliardo ci disse: « Camminate sulla via regale, misurando le pietre miliari, senza meschineria ».

γ

Gregorio il teologo

Abba Gregorio disse: «Ecco le tre cose che Dio esige da ogni battezzato: dal suo cuore una fede retta, dalla sua lingua la verità, dal suo corpo la temperanza».

Gelasio

1. Si diceva che abba Gelasio avesse una Bibbia in pelle, valutata diciotto monete d'argento. Infatti conteneva l'Antico e il Nuovo Testamento per intero. Egli l'aveva messa in chiesa perché qualsiasi fratello che lo avesse desiderato potesse leggerla. Un fratello straniero che si recò a trovare il vegliardo, vedendo la Bibbia la desiderò e, dopo averla rubata, se ne andò. Il vegliardo non lo rincorse per riprendergliela benché avesse capito ciò che era capitato. Così quel fratello si recò in città, cercò di venderla e, trovato l'acquirente, chiese sedici monete d'argento. L'acquirente gli disse: «Prestamela prima, perché la possa esaminare, poi ti porterò il dovuto». E lui gliela dette. Dopo averla presa, l'acquirente la portò ad abba Gelasio perché la esaminasse e gli dicesse se valeva il prezzo richiesto dal venditore. Il vegliardo gli disse: «Acquistala, poiché è bella e vale la cifra che ti è stata chiesta».

Al suo ritorno, il nostro uomo parlò in maniera differente al venditore e non secondo ciò che il vegliardo gli aveva detto. «L'ho mostrata ad abba Gelasio», egli disse, «ed egli mi ha risposto che non vale la cifra che mi hai chiesto». Sentendo questo, il fratello gli domandò: «Il vegliardo non ti ha detto nient'altro?». «No», rispose. Allora il venditore riprese: «Non voglio più vendertela». E, pieno di compunzione, ritornò dal vegliardo per fare penitenza e gli chiese di riprendersi il libro. Ma questi non voleva ricuperarlo. Allora il fratello gli replicò: «Se tu non lo riprendi, non avrò pace». Il vegliardo rispose: «Se così non hai pace, allora lo riprenderò». E il fratello rimase lì, fino alla sua morte, edificato dalla vita del vegliardo.

2. Si diceva che abba Gelasio fosse spesso ossessionato dal pensiero di andare nel deserto. Un giorno disse al suo discepolo: «Fammi la carità, fratello, di sopportare qualunque cosa io faccia e di non dirmi niente in tutta questa settimana». E, prendendo una canna, cominciò a camminare nel suo piccolo atrio. Quando si sentì stanco, si sedette un po', poi si alzò di nuovo per camminare.

Venuta la sera, disse a se stesso: «Chi cammina nel deserto non mangia pane, ma erbe; tu, a causa della tua debolezza, mangia legumi crudi». Fece così, poi si disse ancora: «Chi è nel deserto non dorme su un letto, ma all'aperto; dunque fa' così». E si coricò e dormì nel vestibolo. Camminando così per tre giorni nel monastero, mangiando la sera alcune foglie di cicoria e dormendo tutte le notti all'aperto, fu stanco. Allora riprendendo il pensiero che lo premeva lo rifiutò in questi termini: «Se tu non puoi compiere le opere del deserto, resta pazientemente nella tua cella, piangendo i tuoi peccati e senza vagabondare. Poiché, ovunque, l'occhio di Dio guarda le opere degli uomini e niente gli sfugge, ed egli conosce coloro che fanno il bene».

Geronte

Abba Geronte da Petra diceva che molti, tentati dai piaceri del corpo, fornicano non nel loro corpo ma nel loro spirito, e pur conservando il loro corpo vergine si prostituiscono nella loro anima. «È quindi bene, fratelli miei, fare ciò che sta scritto, e custodire ciascuno con ogni cura possibile il proprio corpo».

Daniele

δ

1. Di abba Daniele si diceva che quando i barbari invasero Sceti, i padri fuggirono, ma il vegliardo disse: «Se Dio non si cura di me, perché vivere ancora?». E passò in mezzo ai barbari senza essere visto. Egli allora si disse: «Ecco, Dio si è preso cura di me, e non sono morto. Fa' dunque anche tu ciò che è umano e fuggi con i padri».

2. Abba Daniele raccontava questo. A Babilonia c'era un notabile la cui la figlia era posseduta da un demonio. Un monaco, a cui quest'uomo era molto affezionato, gli disse: «Nessuno può guarire tua figlia, tranne alcuni anacoreti che conosco; ma se tu chiedi loro di farlo, essi non accetteranno per umiltà. Allora facciamo così: quando verranno al mercato, fate come se voleste acquistare i loro prodotti e al momento di pagarli, chiederemo loro di fare una preghiera, e penso che la ragazza guarirà». Andarono al mercato e trovarono un discepolo dei vegliardi seduto per vendere i loro prodotti. Essi lo portarono a casa del notabile, insieme alle sue ceste, come per pagarlo dei prodotti acqui-

stati. Ma quando il monaco arrivò alla casa, l'indemoniata gli si avvicinò per dargli uno schiaffo. E lui gli tese l'altra guancia, secondo il precetto del Signore. Torturato, il demone gridò: «O violenza! Il comandamento di Gesù mi scaccia». Subito la donna fu purificata. Quando giunsero i vegliardi, annunciarono loro ciò che era successo, ed essi glorificarono Dio dicendo: «Accade sovente che, con l'umiltà del comandamento di Cristo, si faccia cadere l'orgoglio del demonio».

3. Abba Daniele disse ancora: «Il corpo prospera nella misura in cui l'anima si indebolisce, e l'anima prospera nella misura in cui il corpo si indebolisce».

4. Un giorno abba Daniele e abba Ammoes facevano il cammino insieme. Abba Ammoes domandò: «Quando ci stabiliremo anche noi in una cella, padre?». Abba Daniele rispose: «Chi d'ora in avanti ci priverà di Dio? Dio è nella cella e anche all'esterno».

5. Abba Daniele raccontava che quando abba Arsenio era a Sceti, vi si trovava anche un monaco che rubava gli oggetti che appartenevano ai vegliardi. Abba Arsenio lo prese nella sua cella allo scopo di convertirlo e di concedere pace ai vegliardi. Gli disse: «Tutto ciò che desideri, te lo fornirò; solo non rubare». E gli dette oro, monetine, indumenti, e tutto quello di cui

aveva bisogno. Ma il fratello si mise a rubare ancora. Così i vegliardi, vedendo che non aveva tregua, lo cacciarono dicendo: «Se si trova un fratello che commette un peccato di debolezza, bisogna sostenerlo, ma se ruba, cacciatelo, poiché nuoce alla sua anima e disturba tutti quelli che vivono nel vicinato».

6. Ecco quanto raccontava abba Daniele, il faranita. Il nostro padre, abba Arsenio, raccontava che un abitante di Sceti, molto austero ma semplice nella sua fede, si ingannava a causa della sua semplicità e diceva: «Il pane che riceviamo non è realmente il corpo di Cristo, ma il suo antitipo». Due vegliardi, venuti a sapere che aveva pronunciato quella parola, e sapendo che nel suo modo di vivere era insigne, pensarono che avesse parlato senza malizia e con semplicità. Si recarono così a trovarlo e a dirgli: «Abba, abbiamo sentito una proposizione, contraria alla fede, di qualcuno che diceva che il pane che riceviamo non è realmente il corpo di Cristo ma il suo antitipo».

Il vegliardo disse loro: «Quella parola l'ho pronunciata io». Allora essi lo esortarono dicendogli: «Non tenere questa posizione, abba, ma tienine una conforme a quella che ci ha trasmesso la Chiesa cattolica. Difatti, noi crediamo che quel pane è lo stesso corpo di Cristo, e che il calice è proprio il sangue di Cristo, e questo in verità, e non come antitipo. Ma come all'inizio, prendendo un pò di polvere della terra, Dio formò l'uomo a sua immagine, senza che nessuno possa dire che non è l'immagine di Dio, benché essa sia inafferrabile, lo stesso è del pane che egli dice essere il suo corpo; e noi crediamo che è veramente il corpo di Cristo».

Il vegliardo disse loro: «Finché anch'io non sarò persuaso di ciò, non potrò essere pienamente convinto». Essi allora gli replicarono: «Preghiamo Dio, riguardo a questo mistero, per tutta questa settimana, sicuramente Dio te lo rivelerà». Il vegliardo accolse questa parola con gioia, e così pregò: «Signore, tu sai che non è per malizia se io non credo; perciò, affinché io non resti nell'ignoranza, rivelami questo mistero, Signore Gesù Cristo». I vegliardi ritornarono nella loro cella e anch'essi pregarono dicendo: «Signore Gesù Cristo, rivela al vegliardo questo mistero, affinché creda e non perda questa possibilità». E Dio esaudì le due preghiere.

Al termine della settimana, la domenica, tornarono in chiesa e stettero tutti e tre su una stessa stuoia, con il vegliardo al centro. Allora i loro occhi si aprirono e, quando il pane fu messo sulla tavola santa, apparve come un bambinello che solamente loro tre videro.

E quando il sacerdote tese la sua mano per la frazione del pane, ecco che un angelo del Signore discese dal cielo con una spada, immolò il bambino e vuotò il suo sangue nel calice. Quando il sacerdote spezzò il pane in frammenti, anche l'angelo spezzò il bambino in frammenti. E quando essi si avvicinarono per ricevere le sante specie, solo il vegliardo ricevette un frammento di carne insanguinata. Al vedere questo, egli ebbe paura e gridò: «Io credo, Signore, che il pane è il tuo corpo, e il calice è il tuo sangue». E subito la carne che teneva nella sua mano divenne pane, secondo il mistero; ed egli lo prese rendendo grazie a Dio.

Allora i vegliardi gli dissero: «Dio conosce la natura umana, e che l'uomo non può mangiare della carne cruda, ed è per questo che ha cambiato il suo corpo in pane e il suo sangue in vino, per coloro che lo ricevono nella fede».

Ed essi resero grazie a Dio per il vegliardo, perché non aveva lasciato che egli perdesse questa possibilità. E tornarono con gioia tutti tre, ciascuno nella propria cella.

7. Lo stesso abba Daniele raccontava di un altro grande vegliardo stabilitosi nelle regioni inferiori di Egitto, il quale diceva, nella sua semplicità, che Melchisedech era figlio di Dio come Gesù. Quando il beato Cirillo, arcivescovo di Alessandria, ne venne informato, inviò un messaggero da questo vegliardo e apprendendo che egli faceva dei miracoli, e che tutto ciò che chiedeva a Dio gli veniva accordato, e che era per la sua semplicità che aveva pronunciato quella parola, si dette abilmente da fare e gli domandò: «Abba, te ne prego, il mio spirito mi

suggerisce che Melchisedech è figlio di Dio come lo è Gesù Cristo, mentre un pensiero contrario mi dice di no, ma che è semplicemente un uomo, anche se un grande sacerdote di Dio. Quindi, poiché sono assillato da questo problema, ti ho mandato un inviato affinché tu preghi Dio che ti riveli come stanno le cose». Fiducioso nella sua virtù, il vegliardo gli disse con sicurezza: «Dammi tre giorni, interrogherò Dio a questo riguardo e ti farò sapere come stanno le cose». Quindi si ritirò e pregò Dio per avere una risposta alla questione.

Tre giorni più tardi, egli rispose al beato Cirillo che Melchisedech era semplicemente un uomo. L'arcivescovo gli domandò: «Come lo sai, abba?». Questi spiegò: «Dio mi ha mostrato tutti i patriarchi, in modo che ciascuno mi passasse davanti, da Adamo fino a Melchisedech. E l'angelo del Signore mi ha detto: questo è Melchisedech. Perciò puoi essere sicuro che le cose stanno così». E il vegliardo si ritirò, dopo aver predicato a se stesso che Melchisedech era un uomo. E il beato Cirillo si rallegrò molto.

Dioscoro

1. Di abba Dioscoro, il nachiasta, si raccontava che aveva un pane d'orzo e di lenticchie. E ogni anno cominciava una nuova pratica virtuosa dicendo: Io non incontrerò nessuno durante tutto l'anno; oppure: Non parlerò; oppure: Non mangerò cibo cotto; oppure: Non mangerò frutta o verdura. E agiva così in ogni azione. E quando aveva realizzato un proposito, ne iniziava un altro. E così faceva ogni anno.

2. Un fratello interrogò abba Poemen: «I miei pensieri mi turbano, facendomi lasciar da parte i miei peccati, per dedicarmi ai difetti di mio fratello». Il vegliardo gli raccontò questo di abba Dioscoro: «Nella sua cella, egli piangeva su se stesso, mentre il suo discepolo era seduto in un'altra cella. Quando questi andò dal vegliardo, lo trovò in lacrime e gli domandò: "Padre, perché piangi?". "Piango i miei peccati", rispose il vegliardo. Il suo discepolo allora gli disse: "Tu non hai peccati, padre". E il vegliardo gli rispose: "In verità, figlio mio, se mi fosse permesso di vedere i miei peccati, tre o quattro uomini non basterebbero per piangerli"».

Dula

Abba Dula disse: «Se il nemico ci costringe ad abbandonare il nostro raccoglimento, non ascoltiamolo, poiché niente è simile a quel raccoglimento e alla privazione di cibo. L'uno e l'altro si uniscono per combattere il nemico, poiché forniscono allo sguardo interiore la sua intensità».

Epifanio

ε

1. Per il tramite dell'abate del monastero che aveva in Palestina, il beato Epifanio, vescovo di Cipro, fu informato di questo:

«Grazie alle tue preghiere, non trascuriamo la nostra regola; proprio al contrario, noi recitiamo con molta cura l'ora terza, sesta, nona e il lucernare».

Allora Epifanio li corresse e fece loro rispondere: «È evidente che non vi preoccupate delle altre ore del giorno, se vi astenete dal pregare. Infatti, il vero monaco deve avere continuamente nel suo cuore la preghiera e la salmodia».

2. Un giorno, il santo Epifanio inviò un discepolo da abba Ilarione per fargli questa richiesta: «Vieni, per poterci vedere prima che abbandoniamo i nostri corpi».

E quando questi arrivò, si rallegrarono insieme. Durante il loro pasto fu portato in tavola un uccello. Il vescovo lo prese e lo dette ad abba Ilarione.

Allora il vegliardo gli disse: «Perdonami, ma da quando ho ricevuto l'abito, non ho mangiato carne immolata». Allora il vescovo gli replicò: «Io, da quando ho preso l'abito, non ho lasciato che alcuno si addormentasse con un motivo di risentimento contro di me, e non mi sono mai coricato con un motivo di risentimento verso alcuna persona».

Il vegliardo gli rispose: «Perdonami, il tuo modo di vivere è migliore del mio».

Efrem

1. Da bambino, abba Efrem ebbe un sogno o una visione: un ceppo di vite germogliò sulla sua lingua, si sviluppò e riempì tutto ciò che esiste sotto il cielo; era carico di bei frutti, e tutti gli uccelli del cielo venivano a mangiare del frutto della vite; e più ne mangiavano e più i frutti si moltiplicavano.

2. Un'altra volta, uno dei santi ebbe una visione: un corteo di angeli scendeva dal cielo, su ordine di Dio, tenendo nelle mani un rotolo (cioè un pezzo di papiro completamente scritto), e si dicevano l'un l'altro: «A chi bisogna consegnarlo?». A un tale, dicevano gli uni; a tal'altro, dicevano gli altri. E riflettevano in questi termini: «In verità, essi sono santi e giusti; però nessuno può riceverlo, se non Efrem». E il vegliardo vide che il rotolo veniva consegnato a Efrem. Alzatosi di buon mattino, andò ad ascoltare Efrem e vide come una sorgente che scaturiva dalla sua bocca. Allora comprese che ciò che usciva dalle labbra di Efrem veniva dallo Spirito santo.

3. Un'altra volta, mentre Efrem era in cammino, una cortigiana cercò, su suggerimento di

qualcuno, di portarlo con le sue lusinghe a un turpe commercio o almeno di farlo andare in collera, giacché non lo si era mai visto arrabbiato. Egli le rispose: «Seguimi». Arrivato in un luogo molto frequentato, le disse: «Vieni, fa', in questo luogo, quello che desideri». Ma lei guardando la folla, gli rispose: «Come possiamo fare ciò in presenza di una folla così grande senza vergognarci?». Egli le replicò: «Se arrossiamo davanti agli uomini, tanto più dobbiamo arrossire davanti a Dio che sa ciò che è nascosto nelle tenebre!». Lei, sconvolta, si ritirò senza aver fatto niente.

Eucaristo il secolare

Due fratelli supplicarono Dio di rivelare loro a quale misura (di perfezione) erano giunti. Una voce disse loro: «In un villaggio di Egitto, vi è un secolare che si chiama Eucaristo, e sua moglie si chiama Maria. Voi non avete ancora raggiunto la loro misura». I due vegliardi si misero in cammino e andarono in quel villaggio. Dopo essersi informati, trovarono la cella di Eucaristo e sua moglie. Essi le domandarono: «Dov'è tuo marito?». Lei rispose: «Egli è pastore e pascola le pecore». E li fece entrare nella sua cella. Giunta la sera, Eucaristo ritornò con le pecore. Vedendo i vegliardi, preparò loro la tavola e portò dell'acqua per lavare loro i piedi. I vegliardi gli dissero: «Non mangeremo niente finché non ci avrai rivelato il tuo modo di vivere». Eucaristo rispose con umiltà: «Io sono pastore, e questa è mia moglie». I vegliardi insistettero, ma lui non voleva dire niente di più. Allora gli dissero: «Dio ci ha mandati da te». A queste parole, Eucaristo fu spaventato e disse loro: «Ecco queste pecore, le abbiamo ricevute dai nostri genitori; e se, con l'aiuto di Dio, ne traiamo qualche beneficio, ne facciamo tre parti: una per i poveri, la seconda per l'ospitalità, e la terza per i nostri bisogni personali. Da quando ho sposato mia moglie, non abbiamo avuto nessun rapporto insieme, e lei è ancora vergine; ciascuno di noi dorme dalla sua parte. La notte portiamo i cilici, e il giorno, i nostri indumenti. Fino ad ora, nessuno è venuto a conoscenza di questo». A queste parole, i vegliardi furono pieni di ammirazione e si ritirarono, rendendo gloria a Dio.

Eulogio il sacerdote

Un certo Eulogio, discepolo del beato Giovanni, vescovo, sacerdote e grande asceta, digiunava due giorni di seguito e spesso continuava il suo digiuno tutta la settimana, mangiando solo pane e sale; godeva della stima degli uomini. Si recò da abba Giuseppe, a Panefo, aspettandosi di vedere da lui una austerità più grande. Il vegliardo lo ricevette con gioia e, per ristorarlo, gli dette tutto ciò che aveva. I discepoli di Eulogio dissero: «Il sacerdote mangia solo pane e sale». Abba Giuseppe mangiò in silenzio. I visitatori passarono tre giorni senza sentirli salmodiare né pregare, giacché le loro opere erano nascoste. Se ne ritornarono senza essere stati edificati. Per un disegno di Dio vi fu una oscurità tale che smarrirono la loro strada e ritornarono dal vegliardo. Prima di bussare alla porta li sentirono cantare. Allora attesero per un po', poi bussarono. Quelli dall'interno smisero di salmodiare, e li ricevettero con gioia. Allora, a causa del caldo, i discepoli di Eulogio misero dell'acqua in una giara e la presentarono al loro maestro. Questa conteneva un miscuglio di acqua di mare e acqua di fiume, così non poté berne. Rientrando in se stesso Eulogio si gettò ai piedi del vegliardo e, volendo apprendere il suo modo di vita, gli domandò: «Abba, che cosa significa questo? Prima, non cantavate, ma lo avete fatto solo dopo che siamo andati via. E ora prendendo la tua giara, vi trovo dell'acqua salata». Il vegliardo gli rispose: «Il fratello è sciocco e, per errore, vi ha mescolato acqua di mare». Ma Eulogio insisté presso il vegliardo, volendo scoprire la verità. Il vegliardo allora gli disse: «Questo vasetto di vino è quello della carità; ma quest'acqua è quella che bevono continuamente i fratelli». E gli insegnò il discernimento dei pensieri, ed eliminò in lui tutto ciò che vi era di umano. Divenne allora più ponderato, mangiò tutto quello che gli portavano e anche lui si abituò a operare di nascosto. E disse al vegliardo: «Veramente, la vostra maniera di vivere è autentica».

Ellade

Si diceva di abba Ellade che passò vent'anni alle Celle, senza mai alzare gli occhi al cielo per vedere il tetto della chiesa.

Evagrio

1. Abba Evagrio disse: «Seduto nella tua cella, concentra i tuoi pensieri. Ricordati del giorno della morte. Vedi quale sarà allora la morte del tuo corpo, abbi nella mente la sofferenza, sottoponiti a fatica, condanna la vanità del mondo, per poter restare tutto il tempo nella pace che ti sei prefissata, senza cedere. Ricordati anche di quelli che sono negli inferi: pensa come sono le anime laggiù, in quale silenzio penoso, in quali gemiti amarissimi, in quale timore, in quale lotta, in quale attesa; pensa al loro dolore senza fine, alle lacrime che versa eternamente la loro anima. Ma conserva anche il ricordo del giorno della risurrezione e della presentazione davanti a Dio. Immagina quel giudizio spaventoso e temibile. Sii attento alla sorte riservata ai peccatori: la vergogna di fronte a Dio, agli angeli, agli arcangeli e a tutti gli uomini, cioè i castighi, il fuoco eterno, i parassiti senza tregua, il buio, il digrignare dei denti, i timori e i supplizi.

Rifletti anche ai beni che sono riservati ai giusti: la familiarità con Dio padre e il suo Cristo, gli angeli e gli arcangeli e tutto il popolo dei santi, il regno dei cieli e i presenti di questo regno, la gioia e la beatitudine. Rievoca in te stesso il ricordo di queste due realtà. Piangi sul giudizio dei peccatori, affliggiti nel timore che anche tu possa essere in queste sofferenze. Ma rallegrati e sii nel gaudio della sorte riservata ai giusti. Sforzati di ottenere il godimento di questi, e di essere estraneo a quelli. Che tu sia all'interno o all'esterno della tua cella, bada che non ti sfugga mai il ricordo di queste cose, in modo che, grazie al loro ricordo, tu fugga i pensieri immorali e nocivi».

2. Egli disse ancora: «Mettiti al riparo dall'affetto di molti, per timore che il tuo spirito si agiti e che tu ne sia turbato nella tua pace interiore».

3. E disse ancora: «Pregare senza agitazione è una gran cosa, ma salmodiare senza agitazione è una cosa ancor più grande».

4. E disse ancora: «Ricordati continuamente della tua morte, e non dimenticare il giudizio eterno; così non vi sarà trascuratezza nella tua anima».

5. Egli raccontò che uno dei padri soleva dire che: «prendere, stando alle regole, un cibo frugale, se vi si unisce la carità, porta rapidamente il monaco alle soglie dell'impassibilità».

6. Un giorno, alle Celle, ci fu una riunione su una causa qualsiasi, e abba Evagrio prese la

parola. Il sacerdote gli disse: «Noi sappiamo, abba, che se tu vivessi nel tuo paese, probabilmente saresti vescovo, e il capo di molti; ed ecco che ora ti trovi qui come uno straniero». Questi, però, pieno di compunzione non si turbò, ma chinando il capo gli rispose: «È vero, padre, però ho parlato una volta e non ne aggiungerò una seconda!»

Zenone

ζ

1. Abba Zenone, il discepolo del beato Silvano, disse: «Non abitare un luogo rinomato, non restare con qualcuno che ha un nome celebre e non gettare le fondamenta per costruirti un giorno una cella».

2. Alcuni fratelli andarono a trovarlo e gli domandarono: «Che cosa significa quella parola del libro di Giobbe: "Il cielo non è puro in sua presenza"?». Il vegliardo rispose loro così: «I fratelli hanno trascurato i loro peccati e interrogano sulle cose del cielo. Ma ecco l'interpretazione di quella parola: poiché lui solo è puro, per questo egli dice: il cielo non è puro».

3. Di abba Zenone si diceva che, quando risiedeva a Sceti, uscì di notte dalla sua cella per andare alla palude. Perse la strada e passò tre giorni e tre notti vagando a caso. Allora, stanco e allo stremo delle forze, cadde come per morire. Ed ecco che un fanciullo gli fu davanti, con del pane e una giara d'acqua, e gli disse: «Alzati e mangia». Egli si alzò e pregò, pensando che fosse un miraggio. L'altro gli disse: «Hai fatto

bene». Ed egli pregò una seconda, poi una terza volta. L'altro riprese: «Hai fatto bene». Allora Zenone si alzò, prese il cibo e mangiò. Il bambino gli disse: «Quanto hai camminato, altrettanto ti sei allontanato dalla tua cella, quindi, alzati e seguimi». E subito si trovò nella sua cella. Zenone, allora, disse al fanciullo: «Entriamo e preghiamo». Quando il vegliardo fu entrato, l'altro divenne invisibile.

4. Un'altra volta, in Palestina, abba Zenone stava camminando, ed essendo stanco, si sedette vicino a una pianta di cetrioli per mangiare, e si disse: «Prendi un cetriolo e mangialo. Infatti, è poca cosa». Ma rispose a se stesso: «I ladri vengono portati al castigo. Quindi esamina te stesso per vedere se puoi sopportare il castigo». Si alzò e stette sotto il sole per cinque giorni. Quando fu tutto scottato, disse: «Non posso sostenere il castigo». E disse al suo pensiero: «Poiché non puoi sostenere il castigo, non rubare e non mangiare».

Zaccaria

1. Abba Carion disse: «Io mi sono dato molto più da fare di mio figlio Zaccaria, e tuttavia non ho raggiunto il suo grado di umiltà e di silenzio».

2. Un giorno, abba Macario disse ad abba Zaccaria: «Dimmi l'opera del monaco». Egli rispose: «Interroghi me, padre?». E abba Macario a lui: «Zaccaria, figlio mio, ho piena fiducia in te; in realtà è Dio che mi spinge a interrogarti». E Zaccaria gli disse: «Quanto a me, padre, è monaco chi si fa violenza in ogni cosa».

3. Abba Mosè recandosi un giorno ad attingere acqua trovò abba Zaccaria che pregava sull'orlo del pozzo, e lo Spirito di Dio stava sopra di lui.

4. Abba Mosè, un giorno, disse al fratello Zaccaria: «Dimmi che cosa devo fare». A quelle parole, quest'ultimo si gettò per terra ai piedi del vegliardo e domandò: «Interroghi me, padre?». Il vegliardo gli rispose: «Credimi, Zaccaria, figlio mio, ho visto lo Spirito santo che scendeva su di te e questo mi costringe a inter-

rogarti». Allora Zaccaria si tolse il cappuccio dalla testa e lo calpestò dicendo: «L'uomo che non si lascia trattare così, non può diventare monaco».

5. Quando abba Zaccaria risiedeva a Sceti, ebbe una visione. Si alzò per informare il suo abba Carion. Il vegliardo, che era uomo ascetico, non fece prova di rigore critico a questo proposito. Si alzò e lo punì duramente, dicendo che quella visione veniva dai demoni. Ma, poiché il pensiero rimaneva immutato, Zaccaria si alzò, di notte, e andò da abba Poemen per raccontargli il caso e dirgli come si consumasse interiormente. E il vegliardo, vedendo che tutto veniva da Dio, gli rispose: «Va' da quel vegliardo, e fa' quello che ti dirà». Zaccaria andò dal vegliardo e, ancor prima che gli avesse chiesto qualcosa, questi, precedendolo, gli disse tutto, affermando che quella visione veniva da Dio. E continuò: «Ma va' e sottomettiti a tuo padre».

6. Abba Poemen raccontava che abba Mosè, sul punto di morire, interrogò abba Zaccaria: «Che cosa vuoi?». Egli disse: «Non è meglio tacere, padre?». L'altro disse: «Sì, figlio mio, taci». E all'ora della sua morte, abba Isidoro, che era seduto, guardò verso il cielo e disse: «Rallegrati, Zaccaria, figlio mio, perché le porte del regno dei cieli sono aperte per te».

Isaia

Abba Isaia disse che il sacerdote di Peluse, una volta che c'era una festa e che i fratelli mangiavano nella chiesa parlando insieme, li rimproverò in questi termini: « Tacete, fratelli: io ho visto un fratello che mangiava con voi e beveva tante coppe come voi, e la sua preghiera sale alla presenza di Dio come un fuoco ».

Elia

1. Abba Elia disse: «Da parte mia, temo tre cose: il momento in cui la mia anima uscirà dal corpo, quando dovrò comparire davanti a Dio e quando la sentenza sarà resa contro di me».

2. I vegliardi dissero ad abba Elia, in Egitto, a proposito di abba Agatone: «È un buon abba». E il vegliardo disse loro: «Rispetto alla sua generazione, egli è buono». Essi gli dissero: «E rispetto agli antichi, come stanno le cose?». Egli dette loro questa risposta: «Vi ho detto che rispetto alla sua generazione è buono; ma per quanto riguarda gli antichi, ho visto, a Sceti, un uomo che, come Gesù di Naué, poteva fermare il sole nel cielo». A queste parole, essi furono pieni di stupore e resero gloria a Dio.

Eraclito

Un fratello, spinto dal demonio ad abitare da solo, si confidò con abba Eraclito. Questi per sostenerlo gli raccontò quanto segue. Un vegliardo aveva un discepolo che gli obbediva in tutto da molti anni. Un giorno, assalito dal demonio, si prosternò davanti al vegliardo dicendo: «Fammi diventare monaco». Il vegliardo rispose: «Esplora la regione; noi ti costruiremo una cella e tu diventerai monaco». E, a distanza di una pietra miliare, egli trovò un posto; vi andarono e costruirono la cella. Il vegliardo disse al fratello: «Quello che ti dirò, osservalo. Ogni volta che sarai inquieto e nella prova, mangia, bèvi, dormi; ma, non uscire dalla tua cella fino a sabato; a quel punto vieni da me». Il fratello passò due giorni secondo quel comando; ma il terzo giorno, in preda al disgusto, disse a se stesso: «Perché il vegliardo non mi ha fatto dire delle preghiere?». E alzatosi, cantò molti salmi; e dopo il tramonto mangiò; poi si alzò e andò verso la sua stuoia per dormire. Ma vi scorse coricato un etiope che digrignava i denti contro di lui. Sotto l'effetto di una grande paura, corse dal vegliardo, bussò alla sua porta e disse: « Abba, abbi pietà di me, apri ».

Il vegliardo, vedendo che non aveva osservato la sua parola, non gli aprì fino al mattino, e all'alba, quando aprì, lo trovò implorante; allora, pieno di pietà, lo fece entrare. L'altro disse: « Ho bisogno di te, padre: stavo per coricarmi e ho visto sulla mia stuoia un etiope nero ». Il vegliardo rispose: « Hai sopportato questo perché non hai osservato la mia parola ». Allora, col potere della sua saggezza, lo formò nella disciplina della vita solitaria e in poco tempo divenne un buon monaco.

Teodoro da Ferme

Θ

1. Abba Teodoro da Ferme si era procurato tre bei libri. Si recò da abba Macario e gli disse: «Ho tre bei libri dai quali traggo profitto; anche i fratelli se ne servono e ne traggono profitto. Dimmi che cosa devo fare: tenerli per mio profitto e quello dei fratelli, o venderli e dare il denaro ai poveri?». Il vegliardo gli rispose in questi termini: «Le tue azioni sono buone, ma la povertà è superiore a tutto». Sentendo questo, se ne andò a vendere i suoi libri e dette il denaro ai poveri.

2. Un fratello, che risiedeva alle Celle, era turbato nella sua solitudine: e volle riferirlo ad abba Teodoro da Ferme. Il vegliardo gli rispose: «Va', umilia il tuo pensiero, sii sottomesso, e rimani con gli altri». In seguito, ritornò dal vegliardo e gli disse: «Non trovo pace nemmeno con gli altri». Il vegliardo gli rispose: «Se tu non hai pace né solo né con gli altri, perché sei venuto a farti monaco? Non è per sopportare le prove? Dimmi: da quanti anni porti l'abito?». Questi rispose: «Da otto anni». Allora, il vegliardo gli disse: «In verità, io porto

l'abito da settant'anni, e in nessun giorno ho trovato riposo; e tu, in otto anni, vorresti ottenere il riposo?». Su queste parole, il fratello partì rafforzato.

3. Un fratello si recò da abba Teodoro e passò tre giorni a supplicarlo di dirgli una parola, senza avere risposta. Se ne andò molto addolorato. Allora il discepolo del vegliardo gli disse: «Abba, perché non gli hai detto una parola? Vedi, se n'è andato molto triste». Il vegliardo gli disse: «In verità, non gli ho parlato perché è un trafficante, e vuole vantarsi delle parole altrui».

4. E disse ancora: «Se provi amicizia per qualcuno a cui succede di essere tentato di fornicazione, se puoi, tendigli la mano perché se ne possa liberare. Ma se cade nell'eresia e tu non riesci a dissuaderlo, allontanati in fretta da lui per paura che, tardando, tu sia trascinato con lui nell'abisso».

5. Si diceva che abba Teodoro da Ferme considerasse essenziali tre cose più di altre: la povertà, l'ascesi e il separarsi dagli uomini.

6. Un giorno abba Teodoro si distraeva con alcuni fratelli a Sceti. Mentre mangiavano, prendevano le coppe con rispetto, ma in silenzio, senza dire «perdono». Allora abba Teodoro disse: «I monaci hanno perduto la loro nobiltà, che è quella di domandare perdono».

7. Un fratello lo interrogò dicendo: «Abba, vuoi che per alcuni giorni non mangi pane?». E il vegliardo gli rispose: «Fai bene; anch'io ho fatto così». Il fratello disse ancora: «Ho intenzione di portare i miei ceci alla panetteria per farne farina». Il vegliardo gli rispose: «Se ritorni alla panetteria, fa' il tuo pane: ma qual è la necessità di questa uscita?»

8. Uno dei vegliardi si recò da abba Teodoro e gli disse: «Sai, un fratello è ritornato nel mondo». E il vegliardo gli rispose: «Ti meravigli di questo? No, meravigliati piuttosto se senti dire che qualcuno è riuscito a sfuggire alle fauci del nemico».

9. Un fratello andò da abba Teodoro e cominciò a parlare e a discutere di cose che non aveva neppure messe mai in pratica. E il vegliardo gli disse: «Non hai ancora trovato la nave né stipato il tuo carico, e prima di aver navigato, eccoti già arrivato in città. Prima compi le opere, in seguito potrai discorrerne come fai ora».

10. Lo stesso si recò un giorno a trovare abba Giovanni, eunuco di nascita, e conversando gli disse: «Quando ero a Sceti, i lavori dell'anima erano il nostro lavoro e consideravamo il lavoro manuale come accessorio; ora il lavoro dell'anima è diventato accessorio e quello accessorio è divenuto il lavoro principale».

11. Un fratello lo interrogò dicendo: «Qual è questo lavoro dell'anima che ora consideriamo accessorio, e qual è questo accessorio che ora consideriamo lavoro principale?». E il vegliardo rispose: «Tutto ciò che si fa a causa di un comandamento di Dio, è il lavoro dell'anima; ma lavorare e accumulare per un motivo personale dobbiamo considerarlo accessorio». E il fratello replicò: «Spiegami questo principio». Il vegliardo rispose: «Supponi che io sia malato e tu, venutolo a sapere, devi venirmi a visitare. Tu dici fra te: Devo lasciare il mio lavoro e andare immediatamente? Finirò piuttosto il mio lavoro e vi andrò dopo. Ora, può darsi che tu venga sollecitato da un'altra richiesta e forse non partirai mai. Oppure, un altro fratello ti dice: Dammi una mano, fratello; e tu pensi: Lascerò il mio lavoro e andrò a lavorare con lui? Se dunque tu non parti, trascuri il comandamento di Dio che è il lavoro dell'anima, e fai l'accessorio che è il lavoro manuale».

12. Egli disse ancora: «Molti, in questo secolo si riposano, prima che Dio dia loro il riposo».

13. Ad abba Teodoro fu domandato: «Se una catastrofe accadesse all'improvviso, avresti paura, abba?». Il vegliardo rispose: «Anche se il cielo cadesse sulla terra, Teodoro non avrebbe paura». Difatti aveva pregato Dio di togliergli il timore, ed è per questo che era stato interrogato.

14. A suo riguardo si diceva che, essendo divenuto diacono a Sceti, rifiutasse l'uffizio di diacono e fuggisse in diversi luoghi. Ogni volta i vegliardi lo riportavano a Sceti dicendo: «Non abbandonare la tua diaconia». Abba Teodoro disse loro: «Lasciatemi pregare Dio affinché mi assicuri che il mio posto è nella liturgia». E pregò Dio così: «Se la tua volontà è che io dipenda da questo uffizio, dammene la certezza». Allora gli apparve una colonna di fuoco, che partiva da terra e arrivava al cielo, e una voce gli diceva: «Se puoi diventare come questa colonna, va', e sii diacono». Sentendo questo, decise di non accettare mai. Quindi, ritornato in chiesa, i fratelli si prostrarono dicendogli: «Se non vuoi essere diacono, almeno tieni il calice». Ma rifiutò dicendo: «Se non mi lasciate (in pace), abbandonerò questo luogo». Così lo lasciarono tranquillo.

Teodoro dell'Ennaton

1. Di abba Teodoro e abba Lucio dell'Ennaton si diceva che passarono cinquant'anni a farsi beffe dei loro pensieri dicendo: «Dopo questo inverno, ce ne andremo da qui». E quando veniva l'estate, dicevano: «Dopo questa estate ce ne andremo da qui». Così passavano il loro tempo, quei padri, di cui dobbiamo sempre conservare il ricordo.

2. Abba Teodoro dell'Ennaton diceva: «Se Dio tenesse conto delle nostre negligenze nella preghiera e delle nostre infedeltà nella salmodia, non potremmo essere salvati».

Teodoto

Abba Teodoto disse: «Il digiuno mortifica il corpo del monaco». E un altro vegliardo disse: «La veglia lo mortifica ancora di più».

Teona

Abba Teona disse: « Noi diventiamo schiavi delle passioni carnali perché distogliamo il nostro spirito dalla contemplazione di Dio ». Il vegliardo ci raccontò che abba Teona aveva anche detto: « Voglio colmare il mio spirito con Dio ».

Teofilo

1. Il beato arcivescovo Teofilo, un giorno si recò alla montagna di Nitri, e l'abba della montagna gli andò incontro.

L'arcivescovo gli domandò: « In questa via che tu segui, che cosa trovi di più, padre? ».

Il vegliardo gli rispose: « Il fatto di accusarmi e di rimproverarmi continuamente ».

Abba Teofilo gli disse: « Non vi è altra via che questa ».

2. Lo stesso abba Teofilo, l'arcivescovo, un giorno si recò a Sceti.

I fratelli che si erano riuniti dissero ad abba Pambo: « Di' una parola al vescovo, perché sia edificato ».

Il vegliardo disse loro: « Se non è edificato dal mio silenzio, non avrà di che edificarsi nemmeno della mia parola ».

3. Alcuni padri un giorno si recarono ad Alessandria, chiamati da Teofilo, l'arcivescovo, per pregare e distruggere i templi pagani. Poiché mangiavano con lui, fu portata loro della carne di vitello; ed essi ne mangiarono senza accorgersene.

Il vescovo, prendendo un pezzo di carne, l'offrì al vegliardo che gli era a fianco dicendo: «Ecco un bel pezzo di carne, abba, mangialo». Allora essi gli risposero in questi termini: «Finora abbiamo creduto di mangiare ortaggi; ma se è carne, non ne mangiamo». E nessuno di loro continuò a mangiarne.

4. Lo stesso abba Teofilo, l'arcivescovo, sul punto di morire disse: «Beato sei tu, abba Arsenio, perché ti sei sempre ricordato di quest'ora».

Giovanni Colobos

ι

1. Di abba Giovanni Colobos si raccontava che essendosi ritirato presso un vegliardo tebano, a Sceti, risiedeva nel deserto. Il suo abba, prendendo un legno secco lo piantò e gli disse: «Ogni giorno annaffialo con un orcio d'acqua, finché produrrà frutto». Ora l'acqua era così lontana che bisognava partire la sera e ritornare il mattino seguente. In capo a tre anni, il legno prese vita e produsse frutto. Allora il vegliardo prendendo di quel frutto lo portò in chiesa e disse ai fratelli: «Prendete, mangiate il frutto dell'obbedienza».

2. Di abba Giovanni Colobos si raccontava che un giorno disse a suo fratello maggiore: «Vorrei essere libero da ogni preoccupazione, come lo sono gli angeli che non lavorano ma rendono continuamente culto a Dio». E, togliendosi il mantello, partì nel deserto. Dopo una settimana, ritornò da suo fratello. Quando bussò alla porta, prima che gli fosse aperto si sentì domandare: «Chi sei?». Egli rispose: «Sono Giovanni, tuo fratello». E il fratello a lui: «Giovanni è diventato un angelo, e ormai

non è più fra gli uomini». E Giovanni a supplicarlo dicendo: «Sono io». Ma il fratello non gli aprì e lo lasciò a mortificarsi fino al mattino. Poi aprendogli gli disse: «Tu sei un uomo e devi nuovamente lavorare per nutrirti». Poi gli si inchinò davanti dicendo: «Perdonami».

3. Abba Giovanni Colobos diceva: «Se un re volesse impadronirsi della città dei suoi nemici, comincerebbe col tagliare l'acqua e i viveri, e così i nemici morendo di fame gli si sottometterebbero. Lo stesso bisogna fare per le passioni della carne: se un uomo vive nel digiuno e nella fame, i nemici della sua anima saranno presto indeboliti».

4. E disse ancora: «Chi si rimpinza ingordamente e parla con un bambino ha già commesso, nel suo pensiero, fornicazione con lui».

5. Egli disse ancora: «Un giorno, risalendo la strada verso Sceti, con delle corde, vidi il cammelliere che parlava e che mi irritava; allora, lasciando il mio materiale, mi detti alla fuga».

6. Alcuni vegliardi, a Sceti, si distraevano mangiando insieme, e fra di loro c'era abba Giovanni. Un venerabile sacerdote si alzò per offrire la coppa da bere, ma nessuno accettò di riceverla da lui, tranne Giovanni Colobos. Per questo ci fu meraviglia e gli fu detto: «Perché tu, che di tutti sei il più giovane, hai osato farti servire dal

sacerdote?». Ed egli rispose loro: «Io, quando mi alzo per offrire la coppa, mi rallegro se tutti accettano, poiché ricevo la mia ricompensa; quindi è per questo che io ho accettato, perché anche lui guadagni la sua ricompensa e non si senta triste vedendo che nessuno accetta qualcosa da lui». A questa spiegazione, tutti furono ammirati ed edificati del suo discernimento.

7. Un giorno che era seduto davanti alla chiesa e i fratelli lo circondavano e lo interrogavano sui loro pensieri, un vegliardo ne divenne geloso e gli disse: «Il tuo vaso, Giovanni, è pieno di veleno». Abba Giovanni gli rispose: «Questo è verissimo, abba; e tu hai detto questo benché ne vedi solo l'esterno; ma se tu ne vedessi anche l'interno, chissa che cosa avresti da dire?»

8. I padri raccontavano che un fratello, mentre era a tavola con altri fratelli in un giorno di festa, si era messo a ridere. E abba Giovanni, vedendolo ridere, pianse dicendo: «Che cos'ha questo fratello nel cuore per ridere, quando dovrebbe anzi piangere, giacché mangia in un giorno di festa?»

9. Un giorno, alcuni fratelli vollero provare se veramente abba Giovanni non lasciava fuggire volontariamente il suo spirito e non parlava delle cose di questo secolo. Essi gli dissero: «Rendiamo grazia a Dio, perché quest'anno è

piovuto molto e le palme hanno potuto bere e far spuntare i loro semi, in modo che i fratelli possano avere il loro lavoro manuale». Abba Giovanni rispose loro: «Così è lo Spirito santo quando scende nel cuore degli uomini, che sono rinnovati e producono foglie nel timore di Dio».

10. Di lui si diceva che un giorno intrecciò una corda per due canestri, ma ne cucì una sola, senza farvi attenzione, finché arrivò al muro, poiché il suo spirito si applicava alla contemplazione.

11. Abba Giovanni disse: «Io sono simile a un uomo seduto sotto un grande albero e che si vede venire contro bestie e serpenti in gran quantità; quando non può più resistere loro, corre ad arrampicarsi sull'albero ed è salvo. Così è di me: io sono seduto nella mia cella e guardo in faccia i cattivi pensieri venirmi contro, e quando non so più farvi fronte, mi rifugio in Dio con la preghiera, e sono salvo dal nemico».

12. Abba Poemen diceva che abba Giovanni Colobos aveva pregato Dio di togliergli le passioni e di essere libero da ogni pensiero. Ed egli andò a dire a un vegliardo: «Mi vedo nella pace, non avendo alcuna battaglia da combattere». E il vegliardo gli rispose: «Va', supplica Dio di aver di nuovo da lottare, con l'afflizione e l'umiltà che avevi prima; poiché è con il combattimento che l'anima avanza». Quindi sup-

plicò Dio e, quando venne la lotta, non pregò più perché gli fosse tolta, ma disse: «Signore, dammi la resistenza per non soccombere».

13. Abba Giovanni disse: «Ecco ciò che un vegliardo vide in un'estasi. Tre monaci stavano sulla riva del mare, e una voce giunse loro dall'altra riva che diceva: "Prendete ali di fuoco e venite qui verso di me". I primi due le presero e giunsero volando fino all'altra riva; ma il terzo rimase sul posto, piangendo amaramente e gridando. Ma più tardi anche a lui furono date delle ali, non di fuoco, ma deboli e senza forza, tanto che, ora in immersione, ora emergendo, giunse con molta fatica sull'altra riva". Così è questa generazione attuale: se riceve delle ali, queste però non sono di fuoco, ma riceve appena appena ali deboli e senza forza».

14. Un fratello interrogò abba Giovanni dicendo: «Perché la mia anima, straziata di ferite, non arrossì nel parlare contro il prossimo?». Il vegliardo gli disse una parabola a proposito della maldicenza. C'era un uomo povero che aveva una moglie; ne vide un'altra molto affascinante e la prese. Esse erano entrambe nude, e sapendo che c'era una festa da qualche parte lo supplicarono di portarle con sé. Prendendole entrambe, le mise in una tinozza, le caricò e si recò nel luogo della festa. Quando il caldo si fece sentire e gli uomini si riposarono, una delle due guardò e non vedendo nessuno, andò verso un

cumulo di spazzatura e, riunendo vecchi stracci, se ne fece una cintura e cominciò a camminare con sicurezza. L'altra, seduta nuda all'interno, disse: «Guarda quella cortigiana, che non ha vergogna di camminare nuda». Addolorato da ciò, il marito le disse: «È davvero straordinario! Lei, almeno, nasconde ciò che farebbe la sua vergogna, mentre tu che sei completamente nuda non hai vergogna di dire questo». La stessa cosa succede quando si parla male del prossimo.

15. Un giorno che abba Giovanni saliva da Sceti con altri fratelli, la loro guida perse la strada perché faceva buio. E i fratelli dissero ad abba Giovanni: «Che cosa faremo, abba, per non morire errabondi, poiché il fratello ha smarrito la via?». Il vegliardo rispose loro: «Se gli parliamo sarà pieno di vergogna e di tristezza. Ecco, fingerò di essere malato e dirò: non posso piu camminare, perciò resto qui fino all'alba». E così fece. Gli altri dissero: «Neppure noi continuiamo la strada, ma restiamo con te». E si sedettero fino all'alba e così non offesero il fratello.

16. A Sceti c'era un vegliardo molto austero nelle pratiche corporali ma che mancava di penetrazione nei pensieri. Egli andò a trovare abba Giovanni per interrogarlo sull'oblio. Dopo aver sentito da lui una parola, ritornò alla sua cella, ma dimenticò quello che gli aveva detto

abba Giovanni. Andò nuovamente per interrogarlo, e dopo aver sentito da lui la stessa parola, se ne ritornò alla sua cella, e nel frattempo dimenticò di nuovo. Così fece molte volte: andava, ascoltava, ritornava e dimenticava, perché era dominato dall'oblio. Più tardi, incontrando il vegliardo gli disse: «Sai, abba, che ho dimenticato ancora quello che mi hai detto? Ma per non stancarti, non sono venuto più». Abba Giovanni gli disse: «Va', accendi una lampada». Egli l'accese. Gli disse di nuovo: «Porta altre lampade e accendile alla prima». E fece così. E abba Giovanni disse al vegliardo: «Questa lampada ha subìto qualche danno per il fatto che su di essa si siano accese altre lampade?». Egli disse: «No». Il vegliardo riprese: «Lo stesso è per Giovanni: anche se Sceti venisse al gran completo per vedermi, non mi allontanerebbe dalla carità di Cristo. Di conseguenza, vieni ogni volta che vuoi, senza nessuna esitazione». E così, grazie alla resistenza dei due uomini, Dio liberò il vegliardo dall'oblio.

Tale era l'opera degli Scetioti: offrire fervente coraggio a coloro che sono nella lotta; fare violenza a se stessi per conquistarsi al bene vicendevolmente.

17. Un fratello interrogò abba Giovanni dicendo: «Che cosa posso fare? Spesso un fratello viene a cercarmi per il lavoro e io, siccome sono malato e debole, mi affatico nel lavoro; che

cosa devo fare riguardo al comandamento?». Il vegliardo gli rispose: «Chaleb disse a Gesù, il figlio di Naué: "Avevo quaranta anni quando Mosè, il servo del Signore, mi mandò con te, dal deserto, in questa terra; e ora che ho ottantacinque anni posso ancora, come un tempo, partecipare alla lotta e ritirarmene". In questo modo, anche tu, se puoi partecipare così alla lotta e ritirartene, va' al lavoro; ma se non puoi farlo, siediti nella tua cella piangendo i tuoi peccati; e se questi ti trovano pieno di pentimento, non ti costringeranno a uscire».

18. Egli disse ancora: «L'umiltà e il timore di Dio sono al di sopra di tutte le virtù».

19. E, rivolgendosi al suo discepolo, disse: «Onoriamo uno solo, e tutti ci onoreranno; ma se disprezziamo uno solo, che è Dio, tutti ci disprezzeranno, e andiamo alla nostra rovina».

20. Abba Giovanni diceva: «La prigione è il sedersi nella propria cella e ricordarsi di Dio sempre. Ecco il significato della parola: "Ero in prigione e siete venuti a visitarmi"».

21. Un cammelliere, un giorno, passò a prendere degli oggetti per trasferirli altrove. Rientrando per portargli ciò che aveva tessuto, abba Giovanni si dimenticò degli oggetti e del cammelliere, poiché il suo spirito era fisso in Dio. Allora il cammelliere lo disturbò di nuovo,

bussando alla porta, e di nuovo abba Giovanni rientrò nella sua cella, ma subito dimenticò ancora. Poiché il cammelliere aveva bussato una terza volta, egli rientrò dicendo: «Tessitura, cammello, tessitura, cammello». E lo diceva per non dimenticarlo più.

22. Abba Giovanni disse: «Preferisco che l'uomo abbia una piccola parte di tutte le virtù. Perciò, ogni giorno, alzati presto e acquisisci l'inizio di ogni virtù e comandamento di Dio, con grande perseveranza. Vivi nell'amore di Dio, con tutto l'ardore dell'anima e del corpo, con timore e tremore. Sopporta le afflizioni del cuore, sii vigilante, prega molto, con rispetto e con gemiti e mantieni la purezza della tua lingua e la custodia dei tuoi occhi. Se sei disprezzato non andare collera, ma sii pacifico, senza rendere male per male. Non guardare gli errori altrui, pensa a giudicare te stesso, tu che sei meno di ogni creatura. Vivi nel rinnegamento della materia e di ciò che appartiene alla carne, nella croce, nella lotta, nella povertà dello spirito, nella volontà e nell'ascesi spirituale, nel digiuno, la penitenza e le lacrime, nella battaglia, nel discernimento, nella purezza d'animo, cogliendo ciò che è utile. Compi il tuo lavoro nel raccoglimento. Persevera nelle veglie notturne, nella fame e nella sete, nel freddo e nella nudità, nelle fatiche. Chiudi il tuo sepolcro, come se tu fossi già morto, in modo da pensare che la tua morte è vicina a qualsiasi ora».

23. Riguardo ad abba Giovanni si raccontava: I genitori di una ragazza morirono e lei rimase orfana; si chiamava Paesia e decise che la sua casa sarebbe diventata un ospizio in favore dei padri di Sceti.

Fu così che offrì l'ospitalità per molto tempo, servendo i padri. Ma più tardi, quando i suoi beni si furono dileguati, lei cominciò a essere nel bisogno. Uomini perversi si recarono allora a trovarla e la distolsero dal suo buon scopo e lei cominciò a vivere male, arrivando a prostituirsi.

I padri, venendolo a sapere, ne furono molto addolorati e fecero appello ad abba Giovanni Colobos, dicendogli: «Abbiamo saputo di quella sorella che vive male, ma che però, quando lo poteva, ci faceva la carità; ora tocca a noi renderle la carità e andare in suo aiuto. Quindi, va' a trovarla, e secondo la saggezza che Dio ti ha dato, sistema le cose nel miglior modo possibile».

Abba Giovanni, dunque, andò da lei e disse alla portinaia: «Annunciami alla tua padrona».

Ma questa lo mandò via dicendo: «Voi, dall'inizio, avete mangiato i suoi beni, e ora lei è povera».

Abba Giovanni le rispose: «Dille che ho qualcosa che le sarà molto utile».

I figli della portinaia gli dissero, facendosene beffe: «Che cosa hai da darle tu che desideri incontrarla?».

Egli rispose: «Come mai sapete ciò che mi prefiggo di darle?».

L'anziana donna salì e parlò di lui alla sua padrona. Questa le disse: «Questi monaci circolano sempre nella regione del mar Rosso e trovano delle perle». Lei si preparò con cura e le disse: «Fallo entrare». E mentre lui saliva, lei lo prevenne e si stese sul letto.

Abba Giovanni entrò e si sedette vicino a lei. Guardandola negli occhi, le domandò: «Che cosa hai da rimproverare a Gesù per essere arrivata a questo?». Sentendo ciò, la donna si irrigidì completamente. Ora, chinando la testa, abba Giovanni cominciò a piangere amaramente. Lei gli domandò: «Abba, perché piangi?». Egli rialzò la testa, poi l'abbassò di nuovo piangendo e le rispose: «Vedo che Satana agisce in te, come potrei non piangere?»

Sentendo questo, la donna gli domandò: «È possibile fare penitenza, abba?». Egli rispose di sì. Lei gli replicò: «Conducimi là, dove tu vorrai». «Andiamo», le disse, e lei si alzò per accompagnarlo. Abba Giovanni notò che per la sua casa ella non prese disposizione alcuna, e se ne meravigliò, ma non disse niente.

Quando giunsero al deserto era buio. Abba Giovanni con la sabbia fece un piccolo cuscino, vi fece sopra un segno di croce, e le disse: «Dormi qui». E, un poco oltre, fece lo stesso per sé, terminò le sue preghiere e si coricò.

Svegliato nel cuore della notte, vide una

strada luminosa che si stendeva dal cielo fino al posto dove dormiva la donna, e gli angeli di Dio portavano la sua anima (in cielo). Allora Giovanni si alzò e andò a toccarla col piede, e quando vide che era morta, si gettò faccia a terra supplicando Dio.

E sentì: «Una sola ora di penitenza le ha reso più della penitenza di molti, che perseverano senza dimostrare un simile ardore nella penitenza».

Isidoro

1. Di abba Isidoro, sacerdote di Sceti, si diceva che quando qualcuno voleva mandar via un fratello irritante o debole, negligente, o collerico, egli diceva: «Portamelo qui». E lo prendeva sotto la propria responsabilità e con la sua longanimità lo salvava.

2. Un fratello gli domandò: «Perché i demoni hanno così paura di te?». Il vegliardo gli rispose: «Perché dal giorno in cui sono diventato monaco mi esercito nel non lasciar arrivare la collera alla mia bocca».

3. Egli disse anche che da quarant'anni era tentato di peccare nel pensiero, ma che tuttavia non aveva mai ceduto né alla cupidigia né alla collera.

4. E affermò ancora: «Quando ero più giovane, e restavo nella cella, non avevo limite per l'ufficio; la notte come il giorno erano per me tempo di preghiera».

Isacco, il sacerdote delle Celle

1. Abba Isacco disse: «Conosco un fratello che, mentre mieteva in un campo, volle mangiare una spiga di frumento e disse al sorvegliante del campo: Mi autorizzi a mangiare una spiga di frumento?». Quest'ultimo si meravigliò di una simile domanda e gli rispose: «Il campo ti appartiene, padre, e tu mi chiedi questo?». Ecco fino a qual punto quel fratello era coscienzioso.

2. Egli disse ancora ai fratelli: «Non portate qui bambini, poiché quattro chiese, a Sceti, sono state abbandonate a causa dei bambini».

3. Abba Isacco disse ai fratelli: «I nostri padri, e abba Pambo, indossavano vecchi indumenti tessuti in foglie di palma e tutti rammendati; ora voi indossate indumenti preziosi. Andatevene: avete reso questi luoghi deserti». E quando si preparavano a partire per la mietitura, egli diceva loro: «Non vi do più alcun comandamento giacché non li osservate».

4. Un padre raccontò che un giorno, al tempo di abba Isacco, un fratello si recò alla chiesa delle

Celle indossando un piccolo cappuccio. Il vegliardo lo cacciò dicendo: «Questo è il luogo dei monaci; tu che sei secolare, non puoi restarci».

5. Abba Isacco riferisce quanto diceva abba Pambo: «Il monaco deve indossare un indumento in condizioni tali da poterlo lasciare all'esterno della sua cella per tre giorni, senza che nessuno lo prenda».

Giuseppe di Panefo

1. Alcuni padri si recarono un giorno a Panefo, da abba Giuseppe, per consultarlo sull'accoglienza da riservare ai fratelli che ospitavano e sapere se bisognava unirsi a loro per metterli a proprio agio. Prima che lo interrogassero, il vegliardo disse al proprio discepolo: «Rifletti su ciò che sto per fare e sopportalo». Egli mise due stuoie, una alla sua destra, una alla sua sinistra, e disse: «Sedetevi». Allora entrò nella sua cella e indossò indumenti da mendicante poi uscì e camminò in mezzo a loro. Ritornò, quindi, a indossare i propri indumenti e, uscito nuovamente, si sedette in mezzo a loro. I padri furono molto sorpresi dal suo modo di fare. Ed egli disse loro: «Avete notato ciò che ho fatto?». «Sì», gli risposero. «Sono stato trasformato da quei diversi indumenti?». Risposero di no. Ed egli aggiunse: «Dunque io rimango il medesimo sotto i due diversi abbigliamenti, poiché il primo non mi ha svalutato, e il secondo non mi ha valorizzato. Così, naturalmente, dobbiamo comportarci nel ricevere i fratelli stranieri, secondo il santo Vangelo che dice: "Rendete a Cesare quello che è di Cesare e a

Dio quello che è di Dio". Quando riceviamo i fratelli, dunque, accogliamoli mettendoli a loro agio. Viceversa, quando siamo soli abbiamo bisogno di compunzione perché essa rimanga in noi». A quelle parole, i visitatori si stupirono di quello che aveva detto loro, in risposta a quanto avevano nel cuore, ancor prima che lo interrogassero, e resero gloria a Dio.

2. Abba Poemen disse ad abba Giuseppe: «Dimmi come diventare monaco». Egli rispose: «Se vuoi trovare riposo quaggiù e più tardi, devi domandarti in ogni occasione: chi sono io?, e non giudicare nessuno».

3. Lo stesso abba Poemen interrogò ancora abba Giuseppe dicendo: «Che cosa fare quando le passioni si approssimano? Devo resistere loro o lasciarle penetrare (in me)?». Il vegliardo gli rispose: «Lascia che penetrino e combatti con esse». Tornò allora a Sceti e vi rimase. Ora un fratello di Tebe arrivò a Sceti e disse ai fratelli: «Ho domandato ad abba Giuseppe se, quando si approssimano le passioni, devo resistere o lasciarle penetrare; ed egli mi ha risposto di non lasciarle affatto penetrare, ma di eliminarle subito». Abba Poemen, sentendo che abba Giuseppe aveva parlato così al tebano, si alzò, andò a trovarlo a Panefo e gli disse: «Abba, io ti ho rivelato i miei pensieri, ed ecco che a me hai parlato in un modo e al tebano in un altro». Il vegliardo gli rispose: «Non sai che ti

voglio bene?». Egli disse di sì. «E non mi hai detto: Parlami come se tu parlassi a te stesso?». «È vero». Il vegliardo disse allora: «Difatti, se le passioni entrano e se tu combatti con esse dando e ricevendo colpi, esse ti renderanno più esperto. E io ti ho parlato come a me stesso. Ma vi sono altri per cui non è bene che si avvicinino alle passioni e, quindi, devono subito sopprimerle».

4. Un fratello interrogò abba Giuseppe dicendo: «Che cosa fare, dal momento che non ho la forza di sopportare i dolori né di lavorare per fare la carità?». Il vegliardo gli disse: «Se non puoi fare nessuna di queste cose, costodisci almeno la tua coscienza da ogni male riguardo al prossimo e così sarai salvo».

5. Un fratello raccontava: «Un giorno andavo a Eraclea, quella in basso, da abba Giuseppe. Ora nel monastero c'era un gelso veramente meraviglioso, carico di frutti. E, all'alba, abba Giuseppe mi disse: "Va', mangia!". Ma poiché era venerdì, non vi andai a causa del digiuno. Più tardi lo interrogai dicendo: Per amore di Dio, spiegami il tuo pensiero: ecco, tu mi dici: "Va', mangia!"; e io, a causa del digiuno, non ho mangiato e arrossisco di vergogna pensando al tuo comando e chiedendomi con quale intenzione avevi parlato, e che cosa avrei dovuto fare in tal caso». Il vegliardo rispose: «I padri, all'inizio, non dicono ai fratelli quello che devono

fare, piuttosto gli dicono cose ambigue, e se vedono che questi le fanno, allora non gli parlano più nello stesso modo, ma gli dicono la verità, sapendo che essi sono obbedienti in tutto».

6. Abba Giuseppe disse ad abba Lot: «Tu non puoi essere monaco, se non diventi interamente come un fuoco che si consuma».

7. Abba Lot andò a trovare abba Giuseppe e gli disse: «Abba, a seconda delle mie possibilità, recito un breve uffizio, digiuno un po', prego, medito, vivo nel raccoglimento e, per quanto posso, mi purifico dai miei pensieri. Che cosa devo fare di più?». Allora il vegliardo si alzò e stese le mani verso il cielo. Le sue dita divennero come dieci lampade di fuoco e gli rispose: «Se lo vuoi, diventa interamente come fuoco».

Giacomo

Abba Giacomo disse: «Come una lampada mette luce in un luogo oscuro, così il timore di Dio, quando penetra nel cuore dell'uomo, lo illumina e gli insegna tutte le virtù e tutti i comandamenti di Dio».

Giovanni da Tebaide

Abba Giovanni da Tebaide disse: «Il monaco deve anzitutto acquisire l'umiltà; poiché è il primo comandamento del Signore che dice: "Beati i poveri in spirito, perché di essi è il regno dei cieli"».

Isidoro il sacerdote

1. Si diceva che un fratello si recò, un giorno, da abba Isidoro il sacerdote per invitarlo a cena. Ma il vegliardo rifiutò di andarci dicendo: «Adamo, ingannato dal cibo, dovette rimanere fuori dal paradiso». Il fratello gli replicò: «Hai dunque tanta paura di lasciare la tua cella?». L'altro rispose: «Figlio mio, io ho paura, perché il diavolo come leone ruggente cerca chi divorare». E diceva spesso: «Se qualcuno si dà al bere, non sfuggirà all'assalto dei pensieri. Lot, infatti, costretto dalle figlie, si ubriacò di vino e, per effetto dell'ebbrezza, il diavolo lo portò senza fatica a una vergognosa fornicazione».

2. Abba Isidoro disse: «Se desideri il regno dei cieli disprezza le ricchezze e rispondi ai benefici divini».

3. E disse anche: «Ti è impossibile vivere secondo Dio se ami i piaceri e il denaro».

4. E disse ancora: «Se praticate regolarmente il digiuno, non gonfiatevi d'orgoglio, ma se vi vantate di questo, mangiate carne piutto-

sto. È meglio per l'uomo mangiare carne che gonfiarsi di orgoglio e gloriarsi».

5. Egli disse inoltre: «I discepoli devono amare come padri coloro che sono veramente loro maestri, e tenerli come loro capi, e non abbandonare il timore a causa dell'amore, o, a causa del timore, offuscare l'amore».

6. E disse ancora: «Se desideri la salvezza, fa' tutto ciò che può portarti a essa».

7. Si diceva che abba Isidoro, quando un fratello andava da lui, fuggisse proprio in fondo alla sua cella. I fratelli gli domandarono: «Abba, che cosa fai?». Egli disse: «Anche le bestie selvatiche, quando fuggono nella loro tana, sono salve». E diceva questo per l'utilità dei fratelli.

Giovanni di Persia

Uno dei padri raccontava che la grande carità di abba Giovanni di Persia l'aveva fatto accedere a una profondissima innocenza. Egli risiedeva in Arabia d'Egitto e un giorno chiese in prestito a un fratello una moneta d'oro e comperò del lino per lavorare. Un fratello venne a chiedergli: « Abba, dammi un po' di lino perché mi faccia una tunica ». Ed egli glielo dette con gioia. Allo stesso modo, anche un altro venne a chiedergli: « Dammi un po' di lino perché mi faccia della tela ». Ed egli glielo dette ugualmente. Ad altri che vennero ancora a chiedergliene, egli dette semplicemente con gioia.

Più tardi, il proprietario della moneta venne a reclamarla. Il vegliardo gli disse: « Vado a cercarla e te la riporto ». E non avendo potuto rendergliela, si recò da abba Giacomo, quello della diaconia, per chiedergli di dargli una moneta da rendere al fratello. Lungo la strada trovò una moneta caduta per terra, ma non la toccò. Recitò una preghiera e ritornò nella propria cella. Ma il fratello giunse di nuovo a tormentarlo a causa della moneta. E il vegliardo gli disse: « Sono molto dispiaciuto ». E uscì di nuovo, trovò la moneta per terra, dove già si trovava, e recitando un'altra preghiera ritornò nella propria cella.

Il creditore si rifece vivo a tormentarlo allo stesso modo. Il vegliardo gli disse: «Questa volta te la riporto sicuramente». E alzatosi di nuovo, si recò in quel luogo e vi trovò la moneta per terra. Dopo aver recitato una preghiera, la raccolse, si recò da abba Giacomo e gli disse: «Abba, venendo da te ho trovato questa moneta per strada. Fammi la carità di farlo sapere nel vicinato, nel caso qualcuno l'avesse perduta; e se si trova il proprietario, dagliela». Allora il vegliardo andò e fece la sua dichiarazione per tre giorni; ma non si trovò nessuno che avesse perduto una moneta. Il vegliardo disse allora ad abba Giacomo: «Se dunque nessuno l'ha perduta, dalla a quel fratello, poiché gliela devo. Partito per ricevere da te l'elemosina e rendergli il dovuto, io l'ho trovata».

E il vegliardo si meravigliò che avendo un debito, e trovando quella moneta, non l'avesse raccolta subito per dargliela.

E così ugualmente era ammirevole il fatto che se qualcuno veniva a chiedergli qualcosa in prestito, non lo dava da sé, ma diceva a quel fratello: «Va', prendi tu stesso ciò di cui hai bisogno»; e quando gli veniva restituito qualcosa, diceva: «Rimettila al suo posto, dove l'hai presa». E se chi aveva preso in prestito non riportava l'oggetto, non gli diceva niente.

Giovanni il tebano

Si diceva che Giovanni il tebano, il giovane discepolo di abba Amoe, avesse trascorso dodici anni a servire quel vegliardo quando era malato, restando seduto con lui sulla sua stuoia. Ma Amoe non faceva nessun caso a lui e benché (il tebano) si desse molto da fare per servirlo, non gli disse mai: « Sii salvo ». Quando abba Amoe fu sul punto di morire, e i vegliardi lo circondavano, prese la mano del discepolo Giovanni e gli disse: « Sii salvo, sii salvo, sii salvo! », quindi lo affidò ai vegliardi dicendo: « Questo è un angelo, non un uomo ».

Giovanni, discepolo di abba Paolo

Si diceva che abba Giovanni, discepolo di abba Paolo, fosse molto obbediente. Ora da qualche parte c'erano delle tombe dove dimorava una iena. E il vegliardo, passando, vide in quel luogo dello sterco. Egli disse a Giovanni di prendere lo sterco e di portarglielo. Questi rispose: «E che cosa farò, padre, riguardo alla iena?». Il vegliardo gli disse scherzando: «Se ti viene addosso, legala e portala qui». Quando fu sera, abba Giovanni si recò a prendere lo sterco ed ecco che la iena gli si gettò addosso. Secondo la parola del vegliardo, abba Giovanni si lanciò per prenderla, ma la iena gli sfuggì. Egli la inseguì dicendole: «Il mio abba desidera che io ti leghi». L'afferrò e la legò. Il vegliardo, inquieto, era seduto ad aspettarlo, quando lo vide arrivare con la iena saldamente legata. Vedendo ciò, il vegliardo fu colmo di ammirazione, ma volendolo umiliare lo rimproverò dicendo: «Stupido, mi hai portato qui un cane stupido?». E il vegliardo slegò subito la iena e la lasciò andare.

Isacco, il tebano

1. Abba Isacco, il tebano, si recò un giorno in una comunità e vedendo un fratello che commetteva un peccato, lo condannò. Quando ritornò nel deserto, un angelo del Signore che stava davanti alla porta della sua cella gli disse: «Io non ti lascio entrare». Ma egli insisté dicendo: « Perché? Che cosa è successo?». E l'angelo gli rispose: «Dio mi ha mandato a chiederti ove desideri che Egli getti il fratello colpevole che tu hai condannato». Subito, Isacco si pentì e disse: «Ho peccato, perdonami». E l'angelo gli rispose: «Alzati, Dio ti ha perdonato. Ma d'ora in poi astieniti dal giudicare qualcuno, prima che l'abbia fatto Dio».

2. Si diceva che abba Isacco, discepolo di abba Apollo, fosse perfettamente educato per ogni opera buona, e che era giunto a possedere il raccoglimento al momento della celebrazione eucaristica. E quando andava in chiesa non permetteva a nessuno di unirsi a lui. Infatti, aveva l'abitudine di dire che tutte le cose sono buone al tempo giusto, poiché vi è un tempo per ogni cosa. E quando vi era il congedo dell'assem-

blea, fuggiva come davanti al fuoco, affrettandosi a ritornare nella sua cella. Ora, alla fine dell'assemblea, si dava spesso ai fratelli un piccolo pane e una coppa di vino, ma lui non l'accettava, non tanto per rifiutare l'offerta dei fratelli, ma per conservare il raccoglimento dell'assemblea di preghiera. Un giorno si ammalò e, appresolo, i fratelli andarono a trovarlo. Seduti vicino a lui, gli domandarono: «Abba Isacco, perché fuggi i fratelli all'uscita dall'assemblea?». Egli disse loro: «Non fuggo i fratelli, ma l'astuzia perversa dei demoni. Infatti, se qualcuno tiene una lampada accesa e si attarda all'aria aperta, il vento spegne la lampada. Lo stesso può accadere a noi; illuminati dalla santa messa; se ci attardiamo fuori dalla nostra cella, il nostro spirito si oscura».

Giuseppe di Tebe

Abba Giuseppe, il tebano, disse: « Tre sono le azioni meritorie agli occhi del Signore: in primo luogo, se – allorquando un uomo è ammalato e preda delle tentazioni – sa accogliere queste con riconoscenza; in secondo luogo, se si compiono tutte le opere alla presenza di Dio, senza niente di umano; in terzo luogo, quando si rimane sottomessi al proprio padre spirituale, rinunciando a ogni propria volontà. Quest'ultimo atteggiamento possiede anche una corona eminente. Quanto a me, ho scelto la malattia ».

Ilarione

Dalla Palestina, abba Ilarione si recò sulla montagna, da abba Antonio. E abba Antonio gli disse: «Che tu sia il benvenuto, porta luce che ti alzi il mattino». E abba Ilarione gli rispose: «Pace a te, colonna di luce, che illumini il mondo».

Iscurione

I santi padri facevano predizioni riguardo all'ultima generazione, e dicevano: «Che cosa abbiamo fatto noi?». E uno di loro, il grande abba Iscurione, rispose: «Noi abbiamo osservato i comandamenti di Dio». Gli altri dissero: «E quelli che vengono dopo di noi, che cosa fanno?». Egli replicò: «Essi cercano di arrivare a metà delle nostre opere». Essi ripresero: «E per quelli che vengono dopo di loro, come stanno le cose?». Egli rispose: «Gli uomini di quella generazione, poiché non faranno nessun lavoro, saranno molto tentati, e quelli che saranno trovati fedeli, in quel tempo, saranno più grandi di noi e dei nostri padri».

Cassiano

κ

1. Abba Cassiano raccontava quanto segue. Il santo Germano e io andammo in Egitto da un vegliardo. E poiché questi ci offriva l'ospitalità, gli domandammo: «Perché, quando ricevete i fratelli stranieri non osservate la regola del nostro digiuno, come l'abbiamo ricevuta in Palestina?». Egli rispose: «Il digiuno è sempre alla mia portata; ma voi non posso tenervi tutto il tempo con me. Inoltre, il digiuno è senza dubbio una cosa utile e necessaria, ma dipende dalla nostra scelta, mentre compiere la carità, lo impone la legge di Dio. Quindi, ricevendo in voi Cristo, devo servirvi con ogni diligenza, ma quando vi avrò congedati, potrò riprendere la regola del digiuno. Infatti, "Gli amici dello sposo non possono digiunare finché lo sposo è con loro, ma quando lo sposo sarà loro tolto, allora digiuneranno liberamente"».

2. Egli disse ancora: «Noi andammo da un altro vegliardo che ci preparò da mangiare. Mentre ne avevamo già abbastanza, egli ci invitava a prendere ancora del cibo. E poiché gli rispondevo di non poterlo fare, perché ero già sa-

zio, mi disse: "È la sesta volta che apparecchio per i fratelli che arrivano; e, invitando ciascuno, ho mangiato con lui e ho ancora fame. Ma tu, mangiando una volta solo questo cibo, ne hai già abbastanza al punto da non poterne più mangiare"».

3. Lo stesso padre raccontava: «Abba Giovanni, superiore di una grande comunità, si recò da abba Paisio che viveva da quarant'anni in un deserto molto ritirato. Poiché gli era affezionato e, di conseguenza, aveva una grande libertà di parola, gli domandò: "Quale opera buona hai compiuto vivendo qui nel ritiro da così lungo tempo e senza essere facilmente turbato da alcuno?". Egli rispose: "Da quando vivo solitario, il sole non mi ha mai visto che stavo mangiando". E abba Giovanni gli replicò: "E non ha mai visto me in collera"».

4. I fratelli circondavano quello stesso abba Giovanni, che era sul punto di morire e di andarsene rapidamente e gioiosamente verso Dio. Essi gli domandarono di lasciare loro come eredità una parola incisiva e salutare, grazie alla quale avrebbero potuto giungere alla perfezione in Cristo.

Ma egli rispose loro gemendo: «Mai ho fatto la mia propria volontà né insegnato ad alcuno qualcosa che io stesso non abbia per primo messo in pratica».

5. Egli raccontava ancora, a proposito di un altro vegliardo che risiedeva nel deserto, che questi aveva supplicato Dio di non farlo mai assopire durante una conversazione spirituale, ma se qualcuno avesse pronunciato delle parole diffamatorie o vane, di farlo addormentare subito, perché le sue orecchie non avessero mai a sperimentare quel veleno.

Quel vegliardo diceva anche che il demonio, nemico di ogni insegnamento spirituale, cerca di provocare parole vane.

E si serviva di questo esempio:

«Una volta che parlavo di un argomento utile ad alcuni fratelli, questi furono presi da un sonno così profondo che non potevano neanche più muovere le palpebre. Allora io, che volevo mostrar loro la forza del demonio, introdussi un argomento di conversazione futile. Subito, pieni di gioia, si svegliarono. Allora dissi loro gemendo: fino ad ora discutevamo di cose celesti, e i vostri occhi erano appesantiti dal sonno, ma ora che pronuncio parole vane, tutti, con premura vi svegliate. Perciò, fratelli, vi esorto a riconoscere la forza del cattivo demone e a stare attenti a voi stessi, proteggendovi dal desiderio di dormire quando fate o sentite qualcosa di spirituale».

6. Egli disse ancora:

«C'era un senatore che aveva fatto la sua rinuncia e aveva distribuito i suoi beni ai poveri, tenendo qualcosa per suo uso personale, poiché non voleva accettare l'umiltà che proviene da una totale rinuncia, né la sincera sottomissione alla regola della comunità. San Basilio gli disse, allora, questo *apoftegma*: "Tu hai perduto il tuo rango senatoriale e non sei divenuto monaco"».

Crono

1. Un fratello disse ad abba Crono: «Dimmi una parola». Ed egli gli disse: «Quando Eliseo andò dalla Sunamita, la trovò che non aveva contatti con nessuno. Lei concepì e partorì con l'arrivo di Eliseo». Il fratello disse: «Che cosa è questa parola?». E il vegliardo rispose: «L'anima, se è vigilante, se lascia volontariamente la distrazione e abbandona la propria volontà, allora lo spirito di Dio la invade, e può ormai generare perché è pura».

2. Un fratello interrogò abba Crono: «In che modo l'uomo giunge all'umiltà?». Il vegliardo gli rispose: «Con il timore di Dio». Il fratello gli replicò: «E con quale opera si arriva al timore di Dio?». E il vegliardo rispose: «Secondo me, allontanandosi da ogni faccenda, dedicandosi alla pena corporale, e se, con tutte le proprie forze, si pensa alla propria morte e al conseguente giudizio di Dio».

Copres

Un giorno, gli abitanti di Sceti si riunirono a proposito di Melchisedec e dimenticarono di invitare abba Copres. Chiamandolo più tardi, lo interrogarono a questo riguardo, e lui, battendosi tre volte la bocca, disse: «Guai a te, Copres! Poiché ciò che Dio ti ha comandato di fare, tu l'hai lasciato da parte, e t'informi di ciò che non ti viene domandato». Sentendo queste parole, i fratelli fuggirono nelle loro celle.

Ciro

Interrogato sulla fornicazione, abba Ciro, l'alessandrino, rispose così: «Se non hai pensiero non hai speranza; se non hai pensieri hai degli atti; il che significa: colui che, nella propria mente, non lotta contro il peccato e non resiste, commette il peccato corporalmente. Infatti, chi commette le azioni non è oppresso dai pensieri». Il vegliardo interrogò il fratello dicendo: «Non hai l'abitudine di conversare con una donna?». Il fratello rispose: «No, i miei pensieri sono immagini antiche e nuove; sono i ricordi che mi opprimono, immagini di donne». Il vegliardo gli disse: «Non temere i morti, ma fuggi i vivi, e insisti maggiormente sulla preghiera».

λ

Lucio

Molti monaci definiti «euchiti, o messaliani» (cioè «priori») si recarono a Ennaton, da abba Lucio.

Il vegliardo li interrogò: «Qual è il vostro lavoro manuale?»

Essi risposero: «Noi non ci occupiamo di lavoro manuale; ma come dice l'Apostolo, preghiamo continuamente».

Il vegliardo domandò loro se non mangiavano, ed essi risposero di sì. Allora domandò: «Quando mangiate, chi prega per voi?». Poi domandò anche se non dormivano, ed essi dovettero rispondere di sì. Egli domandò ancora: «Quando voi dormite, chi dunque prega per voi?». Ma quei fratelli non trovarono alcuna risposta da dargli.

Allora egli aggiunse: «Perdonatemi, ma voi non agite come dite. Io vi mostrerò che, compiendo il mio lavoro manuale, prego senza sosta. Mi siedo con Dio, bagnando i miei giunchi e tessendoli in corde, dico: "Abbi pietà di me, Signore, secondo la tua grande misericordia, e nella tua immensa bontà liberami dal mio peccato"».

E rivolgendosi loro domandò se questa non fosse preghiera, ed essi risposero di sì.

Poi, il vegliardo aggiunse: «Quando, dunque, ho trascorso tutta la giornata a lavorare e a pregare, realizzando più o meno la somma di sedici monete, io ne metto due sulla porta e uso il rimanente per mangiare. E chi prende quelle due monete prega per me, quando mangio o dormo; così, con la grazia di Dio, compio il precetto di pregare senza interruzione».

Longino

1. Un giorno abba Longino interrogò abba Lucio su tre pensieri dicendo: «Voglio emigrare». Il vegliardo gli disse: «Se non domini la tua lingua, non sarai uno straniero, ovunque tu vada. Domina dunque qui la tua lingua e sarai uno straniero». Gli disse ancora: «Voglio digiunare». Il vegliardo rispose: «Isaia dice: "Anche se tu piegassi il collo come un laccio e un giunco, questo non si chiamerebbe il digiuno che io gradisco; ma domina piuttosto i tuoi cattivi pensieri"». E in terzo luogo gli disse: «Voglio fuggire gli uomini». Il vegliardo rispose: «Se prima non hai vissuto rettamente con gli uomini, tu non potrai, da solitario, vivere rettamente».

2. Abba Longino disse: «Quando sei malato, dico: "Sii malato e muori"; ma se mi chiedi del cibo fuori dal tempo fissato, non ti porterò più nemmeno il cibo quotidiano».

3. Una donna che aveva un cancro al seno, dopo aver sentito parlare di abba Longino cercò di incontrarlo. Ora questi risiedeva al nono chilometro da Alessandria. Quando la don-

na lo cercò, quel beato si trovava a raccogliere legna vicino al mare. Incontratolo, ignorando che era lui, gli disse: «Abba, dove abita abba Longino, il servo di Dio?». Egli rispose: «Perché cerchi quell'impostore? Non andare da lui, perché è un impostore. Che cosa hai?». La donna gli mostrò il suo male. Lui, facendo il segno di croce sulla piaga, la congedò dicendo: «Va' e Dio ti guarirà, poiché Longino non può esserti utile in niente». E la donna se ne andò fiduciosa in quella parola, e fu immediatamente guarita. Più tardi, raccontando la cosa ad altri, mentre diceva i segni distintivi del vegliardo, apprese che abba Longino era proprio lui.

4. Un'altra volta, alcune persone gli condussero un indemoniato. Egli disse loro: «Io non posso fare niente per voi, andate invece da abba Zenone». Più tardi, abba Zenone cominciò a far pressione sul demone per cacciarlo e questi si mise a gridare: «Abba Zenone, pensi forse che me ne vada per te? Ma ecco abba Longino che prega laggiù e mi apostrofa per insultarmi; è nel timore delle sue preghiere che me ne vado, perché a te non avrei risposto».

μ

Macario l'egiziano

1. Abba Macario raccontava al proprio discepolo: «Quando ero giovane e risiedevo in una cella, in Egitto, fui preso per essere fatto chierico per il villaggio. Poiché non volevo ricevere quell'incarico, fuggii in un altro luogo. Allora un laico devoto venne a trovarmi, prese il mio lavoro manuale e mi servì. Ora accadde che, fortemente tentata, una vergine nel villaggio si lasciò sedurre. Resa incinta, le fu domandato chi era il colpevole. Lei disse: "L'anacoreta". Allora gli abitanti del villaggio vennero a catturarmi, mi appesero al collo dei tegami anneriti di sego e diversi altri oggetti e mi portarono in giro per il villaggio, in tutti i quartieri, picchiandomi e dicendo: "Questo monaco ha contaminato la nostra vergine, prendetelo, prendetelo". E mi picchiarono fin quasi a morire. Allora venne un vegliardo e disse: "Fino a che punto picchierete questo monaco straniero?". E quello che mi serviva mi camminava dietro, pieno di vergogna, perché lo coprivano di contumelie e dicevano: "Vedi che cosa ha fatto questo anacoreta di cui eri il garante". E i genitori dicevano: "Non lasciamolo partire prima che

abbia dato delle garanzie per il mantenimento della giovane". Ed io parlai a chi mi serviva, ed egli garantì per me.

«Rientrato nella mia cella, gli detti tutti i canestri che avevo dicendo: "Vendili e nutri la mia donna". E dicevo a me stesso: "Macario, ecco che ti sei trovato una donna, e devi lavorare un pò di più per mantenerla". E io lavoravo giorno e notte, e le facevo avere i proventi del mio lavoro. Ma quando giunse il tempo per l'infelice di partorire, lei rimase lunghi giorni nei dolori del parto ma senza partorire. Le fu detto: "Che significa questo?". Lei rispose: "Io lo so, è perché ho calunniato l'anacoreta, mentendo per accusarlo; il colpevole non è lui ma un giovane del villaggio".

«Allora chi mi serviva, pieno di gioia venne a dirmi: "Quella donna non ha potuto partorire finché non ha confessato dicendo: 'l'anacoreta non c'entra in tutto questo, ho mentito contro di lui'. Ed ecco che tutto il villaggio vuol venire qui in modo solenne per fare penitenza nei tuoi confronti". Io, sentendo ciò, e temendo l'imbarazzo che quella gente poteva provocarmi, mi alzai e fuggii qui, a Sceti. È questa la causa per cui sono venuto qui».

2. Macario l'egiziano un giorno si recò, da Sceti, sulla montagna di Nitri per l'offerta di abba Pambo. I vegliardi gli dissero: «Padre, di' una parola ai fratelli». Egli rispose: «Io non so-

no ancora divenuto monaco, ma ho visto dei monaci. Infatti, un giorno che ero seduto nella mia cella a Sceti, i miei pensieri m'inquietavano, suggerendomi di partire nel deserto e guardare ciò che vi avrei visto.

«Rimasi a combattere il mio pensiero per cinque anni, dicendo: Forse viene dai demoni. E poiché il pensiero restava, partii per il deserto. E vi trovai uno specchio d'acqua e un'isola nel mezzo; e gli animali del deserto vi venivano a bere. In mezzo a quegli animali io vidi due uomini nudi, e il mio corpo tremò perché credetti che fossero spiriti. Essi, vedendomi fremere, mi dissero: "Non temere, poiché anche noi siamo uomini". E io domandai loro: "Di dove siete e come siete venuti in questo deserto?". Essi risposero: "Veniamo da una comunità e, essendoci messi d'accordo, siamo venuti qui, quarant'anni fa. Uno è egiziano, l'altro libico". Anch'essi mi interrogarono e mi domandarono: "Come va il mondo? L'acqua viene proprio a suo tempo? Il mondo gode della prosperità?". Io risposi di sì, poi domandai loro: "Come posso diventar monaco?". Essi mi dissero: "Se l'uomo non rinuncia a tutto ciò che è del mondo, non può divenire monaco". Io dissi loro: "Ma io sono debole e non posso essere come voi". Ed essi mi risposero: "Se non puoi divenire come noi, siediti nella tua cella e piangi i tuoi peccati". Domandai loro: "Quando viene l'inverno, non tremate dal freddo? E quando viene il caldo, i vostri corpi non bruciano?". Essi risposero: "È Dio che ha fatto per noi questa maniera di vivere. D'inverno non geliamo e l'estate non ci fa torto".

«È per questo che io vi dico di non essere ancora divenuto monaco, ma di aver visto dei monaci».

3. Quando abba Macario risiedeva nel grande deserto, era solo a vivervi in disparte, ma sotto c'era un altro deserto ove risiedevano molti fratelli. Il vegliardo sorvegliava la strada, ed ecco che Satana avanzava sotto l'apparenza di un uomo che passava da quelle parti. Indossava una specie di veste di lino, piena di buchi e a ogni buco era appesa una fialetta. Il grande vegliardo gli domandò: «Dove vai?». Questi gli rispose: «Vado a risvegliare la memoria dei fratelli». Il vegliardo replicò: «E a che cosa servono queste fialette?». Questi rispose: «Porto ai fratelli degli alimenti da assaggiare». E il vegliardo: «E tutto questo?». Egli rispose: «Sì, poiché se un alimento non piace a un fratello, io gliene presento un altro, e se non gli piace nemmeno il secondo, gliene offro un terzo; e di tutti questi alimenti, uno almeno gli piacerà». Su queste parole se ne andò. Il vegliardo restò a sorvegliare le strade fino a quando lo vide tornare di nuovo.

Quando il vegliardo lo vide, gli disse: «Salute!». L'altro rispose: «Come posso essere in salute?». Il vegliardo gli domandò perché. Questi rispose: «Perché tutti sono stati duri nei miei riguardi, e nessuno mi ha ricevuto». Il vegliardo domandò: «Così, laggiù non hai nessun amico?». Egli rispose: «Sì, laggiù ho un monaco come amico. E almeno lui mi obbedisce, e quando mi vede gira come il vento». Il vegliardo gli domandò come si chiamasse quel monaco. «Teopemptos», rispose. E su queste parole se ne andò.

Allora, abba Macario si alzò e andò nel deserto che era sotto il suo. Venutolo a sapere, i fratelli presero dei rami di palma per andargli incontro. E ciascuno si preparava, anche pensando che fosse da lui che il vegliardo avrebbe rotto il digiuno. Ma lui si informò quale era quel monaco di nomeTeopemptos e, quando l'ebbe trovato, andò nella sua cella. Teopemptos lo ricevette con gioia. Quando si trovò solo con lui, il vegliardo gli domandò: «Per quanto ti riguarda, fratello, come va?»

Teopemptos rispose: «Grazie alle tue preghiere, va tutto bene». Il vegliardo continuò: «I tuoi pensieri non ti fanno guerra?». Egli rispose: «Finora va tutto bene»; giacché aveva paura di parlare. Il vegliardo gli disse: «Da tanti anni vivo nell'ascesi e sono lodato da tutti e, benché sia vecchio, sono turbato dallo spirito di fornicazione». Teopemptos gli rispose: «Credimi, abba, lo stesso vale per me». Il vegliardo sostenne che altri pensieri ancora gli facevano la guerra, finché arrivò a far confessare pure l'altro. Poi gli disse: «Tu come digiuni?». Rispose: «Fino all'ora nona».

Il vegliardo gli disse: «Esercitati a digiunare più a lungo; recita a memoria il Vangelo e le altre Scritture; e se un pensiero estraneo sale in te, non guardare mai in basso, ma sempre verso l'alto, e subito il Signore ti verrà in aiuto». Dopo aver dato questa regola al fratello, il vegliardo se ne ritornò nel proprio deserto. E, sorvegliando la strada, vide ancora quel demone, al quale domandò: «Dove vai di nuovo?». Questi rispose: «A risvegliare la memoria dei fratelli». E se ne andò.

Quando fu di ritorno, il santo gli domandò: «Come stanno i fratelli?». Egli rispose che andava tutto male. Il vegliardo gliene domandò la causa. Egli riprese: «Sono tutti duri, e la cosa peggiore è che anche l'amico che avevo e che mi obbediva, non so che cosa l'abbia così cambiato, ma non solo non mi obbedisce più, ma è diventato il più duro di tutti. A causa di ciò, mi sono ripromesso di non andare più laggiù, almeno per molto tempo». Dopo aver così parlato, se ne andò lasciando il vegliardo. E il santo rientrò contento nella propria cella.

4. Abba Macario il grande, un giorno si recò da abba Antonio, sulla montagna. Quando bussò alla porta, Antonio gli andò incontro e gli domandò: «Chi sei?». Egli rispose: «Io sono Ma-

cario». Allora chiudendogli la porta in faccia, Antonio rientrò, lasciandolo fuori. Poi vedendo la sua sopportazione, gli aprì e lo trattò amabilmente, dicendogli: «Da molto tempo desideravo vederti, avendo sentito parlare di ciò che ti riguardava». Gli rese tutti i doveri dell'ospitalità e lo fece riposare, poiché era molto stanco. Alla sera, abba Antonio bagnò per sé delle foglie di palma. E abba Macario gli domandò: «Permetti che ne bagni anche per me?». Egli rispose: «Fallo». E, avendone fatto un grosso pacco, lo bagnò. E seduti fin dalla sera, e parlando della salvezza dell'anima, intrecciarono quelle foglie per tutta la notte. E la corda che faceva Macario scendeva dalla finestra nella grotta. Entrandovi di buon'ora, il beato Antonio vide la lunghezza della corda di abba Macario e disse: «Una grande potenza esce da quelle mani».

5. Riguardo alla devastazione di Sceti, abba Macario disse ai fratelli: «Quando vedrete una cella costruita vicino alla palude, sappiate che la sua distruzione è vicina; quando vedrete gli alberi essa è alle porte; e quando vi vedrete i bambini, prendete i vostri mantelli e andatevene».

6. Poiché voleva incoraggiare i fratelli disse ancora: «Venne qui, con sua madre, un bambino posseduto dal demonio, che disse a sua madre: Alzati, donna, andiamo via di qui. Lei rispose: Io non posso più camminare. E il figlioletto le replicò: Io ti porterò. Ho ammirato l'a-

stuzia del demonio, e come voleva farli fuggire da questo luogo».

7. Abba Sisoes disse: «Quando ero a Sceti con Macario, salimmo in sette per fare la mietitura con lui. Dietro a noi una vedova spigolava senza smettere di piangere. Allora il vegliardo chiamò il proprietario del campo e gli domandò: "Che cos'ha quella donna da piangere continuamente?". Egli rispose: "È perché suo marito ha ricevuto un deposito bancario da qualcuno ed è morto all'improvviso senza dire dove l'aveva nascosto, e il proprietario del deposito vuole prendere lei e i bambini, per ridurli in schiavitù". Il vegliardo gli disse: "Dille di venire da noi, là dove faremo la pausa per la siesta". La donna vi andò e il vegliardo le domandò: "Perché piangi così tutto il tempo?". Lei rispose: "Mio marito, che aveva ricevuto un deposito da qualcuno, è morto, e morendo non ha detto dove lo aveva depositato". Il vegliardo le disse: "Vieni, mostrami dove l'hai seppellito". Prendendo i fratelli con sé, uscì con la donna. Quando furono arrivati sul luogo, il vegliardo le disse: "Ritirati nella tua casa". E mentre i fratelli pregavano, il vegliardo domandò al morto: "Tu, che qui giaci, dove hai messo il deposito?". Il morto rispose: "È nascosto nella mia casa, ai piedi del letto". Il vegliardo disse: "Riposa di nuovo, fino al giorno della risurrezione". I fratelli, vedendo ciò, pieni di timore si gettarono ai

suoi piedi, ma il vegliardo spiegò loro: “Non è per me che è avvenuto tutto ciò, poiché io sono niente; ma Dio ha fatto questo miracolo per la vedova e gli orfani. È importante osservare che Dio desidera l’anima senza peccato e le accorda tutto ciò che chiede”. E andò ad annunciare alla vedova dov’era il deposito. Lei lo prese, lo rese al suo proprietario e liberò i figli. E tutti quelli che lo vennero a sapere resero gloria a Dio».

8. Di abba Macario si diceva che, quando si distraeva con i fratelli, aveva questa regola: «Se c’è del vino, bevine in ragione dei fratelli; ma per ogni coppa di vino, resta un giorno senza bere acqua». I fratelli allora, per farlo riposare, gliene offrivano; e il vegliardo accettava con gioia per mortificarsi. Ma il suo discepolo saputa la cosa disse ai fratelli: «In nome di Dio, non gliene offrite più, altrimenti va’ a uccidersi nella sua cella». Saputo questo, i fratelli non gliene offrirono più.

9. Abba Macario, un giorno, mentre si recava dalla palude alla sua cella portando delle foglie di palma, incontrò per via il demonio con una falce. Quest’ultimo, siccome aveva invano tentato di colpirlo, gli domandò: «Quale forza esce da te, Macario, che mi rende impotente contro di te? Tutto ciò che fai anch’io lo faccio: tu digiuni, io non mangio niente; tu vegli, io non dormo per niente; tu mi batti solo su un

punto...». Abba Macario domandò: «Quale?», ed egli rispose: «La tua umiltà. In forza di essa, io non posso niente contro di te».

10. Alcuni padri interrogarono abba Macario l'egiziano: «Come mai, sia che tu mangi, sia che tu digiuni, il tuo corpo rimane emaciato?». Il vegliardo rispose loro: «Il pezzo di legno che serve ad attizzare i tralci che bruciano finisce per essere completamente consumato dal fuoco; la stessa cosa succede all'uomo che purifica la propria anima nel timore di Dio; e il timore di Dio consuma il suo corpo».

11. Un giorno abba Macario salì da Sceti a Terenutin, ed entrò nel tempio per dormire. Là vi erano dei vecchi feretri di greci, e prendendone uno se lo mise sotto la testa come cuscino. I demoni, vedendolo così audace, ne furono molto gelosi e, volendo fargli paura, come se si rivolgessero a una donna, chiamarono dicendo: «Donna, vieni al bagno con noi». Un altro demone rispondeva sotto di lui, come fosse tra i morti: «Ho uno straniero sopra di me, e non posso venire». Ma il vegliardo non ebbe paura; anzi, picchiò con sicurezza il feretro dicendo: «Svegliati e va' nelle tenebre, se lo puoi». I demoni sentendo ciò si misero a gridare con tutte le forze: «Tu ci hai vinto». E fuggirono pieni di confusione.

12. Si diceva che abba Macario l'egiziano, un giorno, risalendo da Sceti con un carico di

canestri, si sedette, sfinito dalla stanchezza, e si mise a pregare così: «Mio Dio, sai bene che non ne posso più!». E subito si trovò al fiume.

13. In Egitto, un uomo che aveva un figlio paralitico lo portò alla cella di abba Macario, lo depose, in lacrime, davanti alla porta e se ne andò lontano. Il vegliardo chinandosi vide il bambino e gli disse: «Chi ti ha portato qui?». Egli rispose: «Mio padre mi ha messo qui e se n'è andato». Il vegliardo gli disse: «Alzati e va' a raggiungerlo». Immediatamente guarito, il bambino si alzò e raggiunse suo padre, e ritornarono così nella loro casa.

14. Abba Macario il grande, quando, a Sceti, congedava l'assemblea, diceva ai fratelli: «Fuggite, fratelli miei». Un vegliardo gli domandò: «Dove potremmo fuggire oltre questo deserto?». Lui si mise il dito sulla bocca dicendo: «Fuggite questa». Ed entrato nella propria cella, chiuse la porta e si sedette.

15. Lo stesso abba Macario disse: «Se, rimproverando qualcuno, ti lasci trascinare dalla collera, tu soddisfi la tua propria passione; dunque non perdere te stesso per salvare altri».

16. Lo stesso abba Macario, quando era in Egitto, un giorno trovò un uomo che stava saccheggiando la sua cella di quel poco che aveva, con l'aiuto di un somarello. Allora presentando-

si al ladro come un'estraneo, lo aiutò a caricare la cavalcatura e, con grande tranquillità d'animo, lo riaccompagnò per un tratto di strada dicendo: «Noi nel mondo non abbiamo portato niente, non possiamo quindi portar via niente; il Signore ha dato, che sia fatto come lui vuole. Che in tutte le cose il Signore sia benedetto!»

17. Ad abba Macario fu domandato: «Come si deve pregare?». Il vegliardo disse: «Non c'è affatto bisogno di fare lunghi discorsi; basta stendere le mani e dire: Signore, come tu lo vuoi e tu lo sai, abbi pietà! E se la lotta continua: Signore, aiuto! Lui stesso sa bene ciò che ci occorre, e ci usa misericordia».

18. Un fratello si recò a trovare abba Macario l'egiziano e gli disse: «Abba, dimmi una parola perché sia salvo». E il vegliardo rispose: «Va' nel cimitero e insulta i morti». Il fratello allora vi andò, li insultò e gettò loro le pietre; poi ritornò a darne notizia al vegliardo. Questo gli disse: «Non ti hanno detto niente?». Egli rispose di no. Il vegliardo gli disse: «Ritornaci domani e coprili di lodi». Il fratello quindi andò e li lodò dicendo: «Apostoli, santi e giusti». Poi tornò dal vegliardo e gli disse: «Li ho complimentati». E il vegliardo gli domandò: «Non ti hanno risposto niente?». Il fratello disse di no. Il vegliardo riprese: «Tu sai quali insulti hai rivolto loro, senza che ti rispondessero, e quali lodi senza che ti parlassero; fa' così an-

che tu, se vuoi essere salvo: diventa un morto e, come i morti, non contare né il disprezzo degli uomini né le loro lodi. Se farai ciò, potrai essere salvato».

19. Abba Bitimio raccontava quanto detto da abba Macario.

«Quando risiedevo a Sceti, vi arrivarono due giovani stranieri. Uno aveva la barba l'altro cominciava ad averne. Vennero da me dicendo: "Dove è la cella di abba Macario?". Io domandai loro: "Che volete da lui?". Risposero: "Abbiamo sentito parlare di lui e di Sceti e siamo venuti a fargli visita". Io dissi loro: "Sono io". Allora mi si prostrarono davanti e dissero: "Vogliamo restare qui". Vedendo che erano delicati e allevati nella ricchezza, dissi loro: "Non potete restare qui". Il maggiore rispose: "Se non possiamo stare qui, andremo altrove". Allora dissi fra me: "Perché cacciarli e in tal modo scandalizzarli? Sarà la fatica stessa che li farà andar via". Quindi dissi loro: "Venite e fatevi una cella, se potete". Essi risposero: "Indicaci un posto, e la faremo". Diedi loro una scure, un paniere pieno di pane e sale, e mostrandogli un blocco di granito dissi: "Scavate qui, quindi andate a prendere la legna nella palude, fate una copertura e abitateci"». E aggiungeva: «Pensavo che avrebbero preferito andarsene in considerazione della fatica; ma essi mi domandarono che lavoro potevano fare. Risposi loro: "Intrecciate corde"; e prese alcune foglie, mostrai loro i rudimenti della tessitura e come bisognava cucire, dicendo: "Confezionate dei canestri, dateli ai custodi ed essi vi porteranno del pane". Poi mi ritirai. Ma essi, con pazienza, fecero tutto ciò che avevo loro detto e per tre anni non si fecero più vedere. E io rimasi a lottare contro i miei pensieri dicendo: "Che cos'è il loro lavoro, da non venire a consultarmi sui loro pensieri? Quelli che abitano lontano mi vengono a trovare, e loro, che sono molto vicini, non vengono e non vanno nemmeno dagli altri; vanno solo in chiesa, ma in silenzio, per ricevere l'offerta".

«E pregai Dio, digiunando tutta la settimana, che mi mostrasse la loro opera. Alzatomi di lì a una settimana, andai da loro per vedere come erano alloggiati. Quando bussai, mi aprirono e mi salutarono in silenzio. Dopo aver pregato mi sedetti. Il maggiore, dopo aver fatto segno al più giovane di uscire, si sedette a intrecciare la corda, senza dire niente. All'ora nona, egli picchiò e il più giovane ritornò, fece una piccola farinata e preparò la tavola a un cenno del fratello maggiore. Vi mise tre piccoli pani e stette in silenzio. Io dissi: "Alzatevi e mangiamo". Ci alzammo per mangiare, ed egli portò un piccolo otre e bevemmo. Quando fu sera, mi dissero: "Te ne vai?". Io risposi: "No, dormirò qui". Essi misero una stuoia per me da un lato, e una per loro all'angolo opposto. Si tolsero la cintura e il cappuccio, e si coricarono insieme sulla stuoia di fronte a me. Quando furono sistemati, pregai Dio che mi rivelasse la loro opera. E il tetto si aprì e vi fu una luce come di giorno, ma loro non vedevano la luce. E quando pensarono che io dormissi, il maggiore colpì il più giovane al fianco, si alzarono, misero nuovamente la cintura e tesero le mani verso il cielo. E io li vedevo, ma loro non mi vedevano. E vidi i demoni andare, come mosche, verso il più giovane, gli uni posandosi sulla sua bocca, gli altri sui suoi occhi. E vidi l'angelo del Signore girare intorno a lui con una spada di fuoco, e cacciare lontano i demoni. Ma essi non potevano avvicinarsi al maggiore. Quando venne l'alba si coricarono, ed io feci come se mi fossi appena svegliato, e loro pure. Il maggiore mi disse solo questa parola: "Vuoi che recitiamo i dodici salmi?". Io gli dissi di sì. E il più giovane cantò cinque salmi per gruppo di sei versetti e un alleluia, e a ogni versetto una lingua di fuoco gli usciva dalla bocca e saliva al cielo. Anche il maggiore, quando aprì la bocca per cantare: fu come una corda di fuoco che uscì e salì fino al cielo; a mia volta, ne recitai un po' a memoria. E, uscendo, dissi: "Pregate per me". Ma essi s'inchinarono senza dire una parola. E così venni a sapere che il primo era un uomo perfetto, ma che il demonio lottava ancora contro il più giovane. Di lì a pochi giorni, il fratello maggiore si addormentò nel Signore e, tre giorni più tardi, anche il minore».

E quando i padri si recavano da abba Macario, egli li conduceva alla loro cella dicendo: «Venite a vedere il martirio dei giovani stranieri».

20. I vegliardi un giorno inviarono una delegazione dalla montagna, a Sceti, da abba Macario, supplicandolo così: «Affinché tutto il popolo non si stanchi nel venire da te, degnati di venire da noi, in modo da poterti rivedere prima che tu vada dal Signore». Dunque, abba Macario arrivò sulla montagna e tutto il popolo si riunì intorno a lui. E i vegliardi gli chiesero di dire una parola ai fratelli. Sentendo questo, disse: «Piangiamo, fratelli, e che i nostri occhi spargano lacrime prima di andare là dove le nostre lacrime bruceranno i nostri corpi». E tutti piansero, caddero con la faccia a terra e dissero: «Padre, prega per noi».

21. Abba Macario disse: «Se conserviamo il ricordo dei torti che ci hanno causato gli uomini noi sopprimiamo la forza del ricordo di Dio. Ma se ricordiamo i mali dei demoni, saremo invulnerabili».

22. Abba Macario disse: Un giorno, camminando nel deserto, trovai il cranio di un morto giacente al suolo. Poiché lo smuovevo col mio bastone, quel cranio mi parlò. Io gli domandai: «Chi sei?». Il cranio mi rispose: «Ero sommo sacerdote degli idoli dei greci che risiedevano in questo luogo; ma tu sei Macario il pneumatofo-

ro (cioè che porta lo Spirito). In qualunque momento tu abbia pietà per coloro che sono nei tormenti, e a qualunque ora tu preghi per questi, essi ne sentono un po' di sollievo».

Il vegliardo gli disse: «Qual è questo sollievo e questo tormento?». Questi gli rispose: «Quanto il cielo è lontano dalla terra, tanto fuoco vi è sotto di noi, poiché noi stessi stiamo in mezzo al fuoco dai piedi alla testa. E non è possibile vedere qualcuno a faccia a faccia, ma siamo addossati schiena contro schiena. Dunque, quando tu preghi per noi, ciascuno può vedere un po' il volto dell'altro. Questo è il nostro sollievo». Il vegliardo, tutto in lacrime, esclamò: «Maledizione al giorno in cui l'uomo è nato!». E domandò ancora: «C'è un altro supplizio più penoso?». Il cranio gli rispose: «C'è una pena più grave sotto di noi». Il vegliardo gli domandò: «Chi sono quelli laggiù?». Il cranio riprese: «Noi, poiché non conoscevamo Dio, beneficiamo di un po' di pietà; ma quelli che hanno conosciuto Dio e lo hanno rinnegato sono sotto di noi». Allora il vegliardo prese il cranio e lo seppellì.

Mosè

1. Avvenne che abba Mosè dovette lottare fortemente contro la fornicazione. Incapace di restare di più nella cella, andò a confidarsi con abba Isidoro. Il vegliardo lo esortò a tornare nella propria cella. Ma egli rifiutò dicendo: «Non posso, abba». Allora prendendolo con sé, lo condusse sul terrazzo e gli disse: «Guarda verso ponente». Guardò e vide un gran numero di demoni che si agitavano e facevano rumore prima di combattere. Abba Isidoro poi gli disse: «Guarda verso levante». Si girò e vide una moltitudine infinita di santi angeli raggianti di gloria. E abba Isidoro disse: «Vedi, questi sono inviati ai santi del Signore per dare loro aiuto, mentre la schiera di ponente rappresenta quelli che li combattono. Gli angeli, che sono con noi, sono più numerosi». E abba Mosè, rendendo grazie a Dio, riprese coraggio e ritornò nella propria cella.

2. Un fratello, a Sceti, commise una colpa. Fu tenuto un consiglio al quale fu invitato abba Mosè, ma egli rifiutò di recarvisi. Allora il sacerdote inviò un fratello a dirgli: «Vieni, poi-

ché tutti ti aspettano». Allora si alzò e andò. Prese un cesto bucato, lo riempì di sabbia e lo portò con sé. Gli altri usciti per andargli incontro gli dissero: «Che cos'è questo, padre?». Il vegliardo disse loro: «I miei peccati scorrono via dietro a me e io non li vedo, e oggi vengo per giudicare la colpa di un altro». Sentendo questo, essi non dissero più nulla al fratello, ma lo perdonarono.

3. Un altro giorno, che si teneva consiglio a Sceti, i padri, con l'intento di mettere alla prova abba Mosè, lo trattarono con disprezzo dicendo: «Perché questo etiope viene fra noi?». Sentendo ciò, egli osservò il silenzio. Congedato il consiglio, gli fu detto: «Abba, questo non ti ha proprio turbato?». Egli disse loro: «Ero inquieto, ma ho osservato il silenzio».

4. Di abba Mosè si diceva che divenne chierico e gli fu imposto l'*efod* (paramento sacerdotale). L'arcivescovo gli disse: «Eccoti divenuto completamente bianco, abba Mosè». Il vegliardo rispose: «È vero esteriormente, signor vescovo, o anche interiormente?». Volendo provarlo, l'arcivescovo disse ai chierici: «Quando abba Mosè entrerà nel santuario, cacciatelo e accompagnatelo per sentire quello che dirà». Il vegliardo entrò e essi lo coprirono di biasimi e lo cacciarono dicendo: «Fuori, etiope!». Uscendo, disse a se stesso: «Essi hanno agito bene con te, che hai la pelle grigio scura. Poiché

non sei un uomo, perché vuoi andare con gli uomini?»

5. Una volta a Sceti fu dato questo comandamento: questa settimana si farà digiuno. Ora avvenne che alcuni fratelli egiziani si recarono da abba Mosè, il quale fece loro cuocere qualcosa. Vedendo il fumo, i vicini dissero ai chierici: «Ecco, Mosè ha trasgredito il comandamento e si è fatto cuocere qualcosa nel suo alloggio». E dissero: «Quando verrà, noi stessi gli parleremo». Quando venne il sabato, i chierici, conoscendo il modo eminente di vivere di abba Mosè, gli dissero davanti a tutti: «O abba Mosè, tu hai abolito il comandamento degli uomini per osservare quello di Dio!»

6. Un fratello si recò da abba Mosè, a Sceti, e gli chiese una parola. Il vegliardo gli disse: «Va', siediti nella tua cella e la tua cella ti insegnerà ogni cosa».

7. Abba Mosè disse: «L'uomo che fugge somiglia a un grappolo d'uva maturato dal sole, ma chi rimane fra gli uomini è come un'uva acerba».

8. Un giorno, il capo della regione sentì parlare di abba Mosè e si recò a Sceti per fargli visita. Ne fu informato il vegliardo, che si alzò e fuggì nella palude. Essi incontratolo gli domandarono: «Puoi dirci, vegliardo, dov'è la cella di

abba Mosè?». Egli di rimando disse: «Che cosa volete da lui? È un uomo povero di spirito». E il capo andò in chiesa e disse ai chierici: «Poiché avevo sentito parlare di abba Mosè, ero venuto a fargli visita. Ma avendo incontrato un vegliardo che si recava in Egitto, gli abbiamo domandato dove fosse la cella di abba Mosè, ed egli ci ha detto: "Che cosa volete da lui? È un povero di spirito"». I chierici sentendo ciò, ne furono addolorati e domandarono: «Che tipo di vegliardo era colui che vi ha parlato in tale modo contro il santo?». Essi risposero: «Un vegliardo grande e nero, che indossava indumenti molto vecchi». Essi dissero: «È lui abba Mosè; ed è per non incontrarvi che vi ha detto questo». Molto edificato, il capo della regione si allontanò da quel luogo.

9. A Sceti, abba Mosè diceva: «Se osserviamo i comandamenti dei nostri padri, io mi faccio garante da parte di Dio che i barbari non verranno qui. Ma se non osserviamo i comandamenti di Dio, questo luogo sarà devastato».

10. Un giorno che i fratelli gli erano seduti vicino, egli disse loro: «Ecco, oggi i barbari vengono a Sceti, alzatevi e fuggite». Essi gli domandarono: «E tu, abba, non fuggi?». Rispose loro: «Quanto a me, aspetto questo giorno da tanti anni, affinché si compia la parola del Signore Gesù Cristo che dice: "Tutti quelli che prendono la spada di spada periranno"». Essi gli dissero: «Neppure noi fuggiremo, ma mori-

remo con te». Egli replicò: «Ciò non mi riguarda, che ciascuno capisca in che modo rimanere!». I fratelli erano sette ed egli disse loro: «Ecco, i barbari si avvicinano alla porta». E quelli entrarono e li massacrarono. Ma uno di essi fuggì dietro un cumulo di corde, e vide sette corone che scendevano a incoronarli.

11. Abba Poemen raccontava la storia di un fratello, che domandò ad abba Mosè come qualcuno può considerarsi morto verso il proprio prossimo.

E il vegliardo gli rispose: «Se l'uomo non considera, nel proprio cuore, di essere già da tre giorni nella bara, non raggiungerà quella parola».

12. Si diceva che abba Mosè, che era a Sceti, un giorno che si recava a Petra per attingere acqua, lungo la strada si sentì stanco e disse a se stesso: «Come potrò raccogliere la mia acqua qui?»

E una voce giunse a dirgli: «Va', e non preoccuparti di niente».

Ed egli ritornò alla propria cella.

Alcuni padri si recarono a trovarlo e abba Mosè, che aveva solo una bottiglietta di acqua, la consumò interamente per far cuocere loro alcune lenticchie. Il vegliardo era nella tristezza, ed entrando e uscendo dalla sua cella pregava Dio. Ed ecco che una nube di pioggia si aprì su Petra e riempì tutti i suoi recipienti.

Dopo di che, i visitatori domandarono al vegliardo: «Devi dirci perché entravi e uscivi».

E il vegliardo rispose loro: «Ero in causa con Dio, e dicevo: tu mi hai condotto qui, e ora non ho più acqua per dare da bere ai tuoi servi. Per questo entravo e uscivo, supplicando Dio finché ci mandò dell'acqua».

Matoes

1. Abba Matoes disse: «Preferisco un'attività leggera e continua a un'altra penosa fin dall'inizio, ma presto interrotta».

2. Egli disse ancora: «Quanto più l'uomo si avvicina a Dio, altrettanto si vede peccatore. Infatti, Isaia, il profeta, vedendo Dio si riconosce miserabile e impuro».

3. E ancora: «Satana non sa per mezzo di quale passione l'anima è vinta. Egli semina, ma senza sapere se mieterà: ora pensieri di fornicazione, ora pensieri di maldicenza, e così per le altre passioni. E la passione verso la quale vede l'anima scivolare, gliene fornisce l'alimento».

4. Abba Matoes disse: «Un fratello venne da me e mi disse che la maldicenza è peggiore della fornicazione». Io gli risposi: «Questa parola è dura». Egli mi replicò: «Come lo capisci tu questo?». Io gli risposi che: «La maldicenza è cattiva, ma ha una rapida guarigione, poiché chi calunnia fa spesso penitenza dicendo che ha parlato male; ma la fornicazione è una morte fisica».

5. Abba Matoes, un giorno, si recò da Rhaitou, nella regione di Magdolos, ed era accompagnato da suo fratello. E il vescovo conquistò il vegliardo e lo fece sacerdote. Mentre mangiavano insieme, il vescovo disse: «Perdonami, abba; so che non volevi ciò. Ma è per poter avere la tua benedizione che ho osato farlo». E il vegliardo gli disse con umiltà: «Certo, io non lo desideravo; ma mi affliggo soprattutto per il fatto che dovrò separarmi dal fratello che è con me, giacché non sopporto di fare da solo tutte le preghiere». E il vescovo gli rispose: «Se tu sai che ne è degno, io lo ordino». Abba Matoes gli disse: «Io non so se ne è degno; so una cosa sola, che è migliore di me». E il vescovo ordinò anche lui. E morirono tutti e due senza avvicinarsi al santuario per fare l'offerta. E il vegliardo disse: «Confido in Dio di non dover subire una grande condanna per questa imposizione delle mani, giacché non faccio l'offerta. Perché l'imposizione delle mani è per quelli che sono irreprensibili».

Marco, discepolo di Silvano

1. Si diceva che abba Silvano avesse, a Sceti, un discepolo di nome Marco, che faceva il calligrafo. Questi era molto obbediente e il vegliardo lo amava proprio per questa sua obbedienza. Gli altri suoi undici discepoli soffrivano per questa sua preferenza, e i vegliardi, venutolo a sapere, se ne addolorarono. Un giorno si recarono da lui per fargliene rimprovero. Egli, prendendoli con sé, andò a bussare a ogni cella dicendo: «Fratello (tale o tal altro), vieni qui perché ho bisogno di te». Ma nessuno di loro lo seguì subito. Arrivato alla cella di Marco, bussò e disse: «Marco». Lui, sentendo la voce del vegliardo, balzò subito fuori, e il vegliardo lo mandò a fare una commissione. Egli disse allora ai vegliardi: «Dove sono, padri, gli altri fratelli?». Ed entrato nella cella di Marco prese il suo quaderno e notò che aveva cominciato a formare la lettera «omega», ma non l'aveva finita, perché sentendosi chiamare dal vegliardo, aveva interrotto immediatamente il proprio lavoro. Allora i vegliardi dissero: «Veramente, abba, colui che tu ami lo amiamo anche noi, poiché è amato da Dio».

2. Un giorno, la madre di abba Marco, insieme ad alcuni amici, si recò a fargli visita abbigliata con grande fasto. Il vegliardo Silvano le andò incontro e lei gli domandò: «Abba, puoi dire a mio figlio di uscire perché lo veda?». Il vegliardo rientrò e disse a Marco: «Esci, perché tua madre possa vederti». Egli indossava indumenti cenciosi ed era tutto sporco, poiché veniva dalla cucina. Quindi, uscendo per obbedienza, chiuse gli occhi e disse loro: «Salve, salve, salve», e non li vide affatto. Sua madre non lo riconobbe e mandò nuovamente a dire al vegliardo: «Abba, mandami mio figlio perché lo veda». Ed egli disse a Marco: «Non ti ho detto di uscire perché tua madre ti veda?». E Marco gli rispose: «Abba, io sono uscito, secondo la tua parola; d'ora in avanti, ti supplico, non mi dire una seconda volta di uscire, affinché non abbia a disobbedirti». E il vegliardo disse alla madre di lui: «Chi le è venuto incontro dicendo "salve" era lui». Poi la esortò e la congedò.

3. Un giorno, abba Silvano decise di recarsi in Siria, ma il discepolo Marco gli disse: «Padre, non voglio partire da qui né lasciarti partire. Resta qui ancora tre giorni». E il terzo giorno morì.

Milesio

1. Abba Milesio, in un luogo che stava attraversando, vide un monaco afferrato da qualcuno col pretesto di aver commesso un omicidio. Il vegliardo si avvicinò e interrogò il fratello. Venuto a conoscenza che era stato denunciato a torto, disse a quelli che lo tenevano: «Dov'è l'uomo che è stato ucciso?». Glielo indicarono, ed egli si avvicinò al morto e domandò a tutti di pregare. Mentre anche lui tendeva le mani verso Dio, il morto si alzò. Davanti a tutti, abba Milesio gli comandò: «Parla, chi ti ha ucciso?». L'altro disse: «Entrato in chiesa, ho dato del denaro al sacerdote, ma questi si alzò e mi uccise; poi mi prese e mi gettò nel monastero dell'abba. Quindi vi supplico di prendere il denaro e di darlo ai miei figli». Allora il vegliardo gli disse: «Va', riposa fino a quando verrà il Signore e ti risveglierà».

2. Un'altra volta, quando abitava con due discepoli ai confini della Persia, due figli del re, fratelli di sangue, andarono a caccia. Secondo l'abitudine, essi tesero le reti su un grande spazio, forse quaranta miglia, per poter cacciare e

trafiggere di frecce tutto quello che si fosse trovato all'interno delle reti. Ora, il vegliardo si trovava sul posto con i suoi due discepoli, e vedendolo tutto peloso e dall'aspetto selvaggio, furono impressionati e gli dissero: «Devi dirci se tu sei un uomo o uno spirito». Egli disse loro: «Sono un uomo peccatore e uscivo a piangere i miei peccati; e adoro Gesù Cristo, il figlio del Dio vivente». Essi gli risposero: «Non vi è altro dio che il sole, il fuoco e l'acqua (che essi adoravano). Perciò, vieni avanti e fa' un sacrificio in loro onore». Il vegliardo rispose: «Queste sono creature e voi siete in errore. Ma vi esorto a convertirvi e a riconoscere il vero Dio, il creatore di tutte queste cose». Essi gli domandarono: «Tu dici che colui che è stato condannato e crocifisso è il vero Dio?». E il vegliardo replicò: «Colui che ha crocifisso il peccato e ucciso la morte, è quello che io dico essere il vero Dio». Ma essi lo maltrattarono, come fecero pure con i fratelli, per costringerli a sacrificare.

Dopo molti tormenti, decapitarono i due fratelli, ma torturarono il vegliardo per molti giorni. Alla fine, impiegarono il loro metodo di caccia, e mettendo abba Milesio fra loro gli lanciarono i dardi, uno davanti, l'altro alle spalle. Ma lui disse loro: «Poiché vi siete messi d'accordo per versare sangue innocente, nella stessa ora, domani, vostra madre non vi avrà più come figli e sarà privata del vostro amore. Anzi, con i vostri dardi verserete reciprocamente il vostro sangue».

Disprezzando la sua parola, il giorno dopo andarono a caccia, e un cervo balzò vicino a loro. Essi, inforcati i loro cavalli, galopparono al suo inseguimento. Tirarono i giavellotti contro il cervo, ma si trafissero reciprocamente il cuore, secondo la parola che il vegliardo aveva loro detto maledicendoli. E così morirono.

Motios

Un fratello interrogò abba Motios dicendo: «Se andrò a risiedere da qualche parte, come vuoi che io viva?». Il vegliardo gli rispose: «Se abiti da qualche parte, non cercare di renderti celebre in qualunque modo, dicendo per esempio: io non vado all'assemblea, oppure: io non mangio agli incontri fraterni. Poiché queste cose fanno un nome vuoto e in seguito ne saresti turbato. Infatti, gli uomini si precipitano dove trovano queste pratiche».

Mios

1. Abba Mios, quello di Belos, disse: «L'obbedienza risponde all'obbedienza. Se qualcuno obbedisce a Dio, Dio risponde alla sua richiesta».

2. Egli raccontava, a proposito di un vegliardo che viveva a Sceti, che questi era stato schiavo ed era dotato di un grande discernimento.

Ogni anno, questo vegliardo si recava ad Alessandria per consegnare il suo salario ai propri maestri. Questi gli andavano incontro con un grande rispetto; ma il vegliardo metteva acqua in un catino e lo portava per lavare i piedi dei suoi maestri.

Anche quell'anno successe così. Il vegliardo si accinse a lavare i piedi dei suoi maestri, ma questi gli dissero: «No, padre, non ci umiliare».

Egli rispose loro: «Riconosco di essere vostro schiavo e, grato per il fatto che mi avete lasciato libero di servire Dio, vi lavo i piedi; in cambio voi accettate questo mio salario».

Poiché essi rifiutavano di riceverlo, egli replicò: « Se rifiutate di accettarlo, io rimango qui a servirvi ».

E poiché lo veneravano, gli lasciarono fare ciò che voleva, quindi lo riaccompagnarono dandogli molte provviste e denaro, affinché potesse fare opere di carità per loro.

E per questo divenne celebre a Sceti.

Marco, l'egiziano

Abba Marco, l'egiziano, rimase trent'anni senza uscire dalla propria cella. Il sacerdote aveva l'abitudine di recarsi a fare per lui la santa offerta. Ma il demonio, vedendo la notevole resistenza del nostro uomo, pensò di tentarlo portandolo a condannare il sacerdote. E fece in modo che un indemoniato andasse verso il vegliardo, col pretesto di preghiere. Prima di ogni discorso, l'indemoniato gridò al vegliardo: «Il tuo sacerdote ha un odore di peccato, non lasciarlo più venire da te». Ma quell'uomo, pieno di spirito di Dio, gli rispose: «Figlio mio, tutti si liberano dall'impurità, ma tu me la porti. Sta scritto: "Non giudicate per non essere giudicati". Tuttavia, anche se è peccatore, il Signore lo salverà perché sta anche scritto: "Pregate gli uni per gli altri per essere guariti"». E su questa parola, dopo aver pregato, cacciò il demonio dall'uomo e lo rimandò guarito.

Quando venne il sacerdote, come d'abitudine, il vegliardo lo ricevette con gioia. E il buon Dio, vedendo l'assenza di malizia del vegliardo, gli mostrò un prodigio. Mentre il sacerdote si preparava a stare davanti alla santa tavola, raccontò il vegliardo: «Io vidi l'angelo del Signore scendere dal cielo e mettere la mano sulla testa del chierico, che divenne come una colonna di fuoco. Poiché a quella vista ero colmo di ammirazione, sentii una voce dirmi: "Uomo, perché ti meravigli tanto? Se un re della terra non permette ai propri nobili di stare in sua presenza con indumenti sporchi, ma con molta gloria, quanto più la potenza divina non purificherà i liturghi dei santi misteri, che stanno davanti alla gloria del cielo?"».

E il nobile atleta del Cristo, Marco l'egiziano, divenne grande e fu giudicato degno di quel carisma, perché si era astenuto dal giudicare il chierico.

Macario, il cittadino

Abba Macario, detto il cittadino, un giorno si recò da abba Pacomio dei Tabennesioti, il quale gli domandò: «Quando i fratelli non si sottomettono alla regola è giusto correggerli?». Abba Macario gli rispose: «Correggi e giudica con giustizia quelli che ti sono sottoposti; eccetto quelli, non giudicare nessuno. Sta scritto infatti: Non spetta a voi giudicare quelli dell'interno? Ma quelli dell'esterno, Dio li giudica».

ν

Nilo

Abba Nilo disse: «Il monaco che ama il raccoglimento rimane invulnerabile ai dardi del nemico; ma chi si unisce alle folle riceve continuamente colpi».

Nestorio

1. Abba Nestorio, il grande, camminava nel deserto con un fratello. Vedendo un drago, si dettero alla fuga. Il fratello gli domandò: «Anche tu, padre, hai paura?». E il vegliardo gli rispose: «Io non ho paura, figlio mio, ma era opportuno darsi alla fuga per non dover fuggire lo spirito di vanagloria».

2. Un fratello interrogò un vegliardo dicendo: «Quale opera buona devo fare perché io viva?». E il vegliardo rispose: «Dio sa ciò che è giusto. Ma ho sentito dire che uno dei padri interrogò abba Nestorio il grande, amico di abba Antonio, chiedendogli: "Qual è l'opera buona che io posso fare?". Ed egli rispose: "Tutte le azioni non sono uguali? La Scrittura dice che Abramo era ospitale e che Dio era con lui; che Elia amava la pace interiore e che Dio era con lui; che Davide era umile e che Dio era con lui. Quindi, ciò che tu vedi che la tua anima desidera, secondo Dio, fallo e custodisci il tuo cuore"».

Nestorio, il cenobita

1. Abba Poemen diceva che abba Nestorio era simile al serpente di bronzo che Mosè fece per la guarigione del popolo: egli possedeva ogni virtù e, senza parlare, guariva tutti.

2. Dopo aver appreso ciò che riguardava abba Nestorio, abba Poemen, che risiedeva in una comunità, desiderò vederlo e si confidò con il suo superiore, perché mandasse Nestorio da lui. Questi, che non voleva farlo partire da solo, non lo mandò. Alcuni giorni più tardi, l'economo della comunità, che aveva una tentazione, chiese al proprio superiore di lasciarlo andare da abba Poemen, per confidargli i propri pensieri. L'altro lo lasciò partire dicendo: «Prendi con te il fratello Nestorio, giacché abba Poemen mi ha manifestato il desiderio di vederlo, ma poiché non volevo farlo partire da solo, non l'ho lasciato andare». Quando l'economo giunse da abba Poemen, gli espose i propri pensieri, e il vegliardo lo guarì.

Dopo di ciò, abba Poemen interrogò il fratello dicendo: «Abba Nestorio, da dove ti viene questa virtù che, quando si presenta un motivo di discordia nella comunità tu non dici niente e non intervieni?». Dopo che ebbe molto insistito, il fratello disse: «Perdonami, abba; quando arrivai in comunità per la prima volta, dissi a me stesso: tu e l'asino siete una cosa sola. Come l'asino, che lo si batte senza che parli, lo si offende senza che risponda, così dev'essere per te. Fa' tua la parola del salmista: "Sono divenuto come una bestia da soma vicino a te, e rimarrò sempre con te"».

Nicon

Un fratello interrogò uno dei padri dicendo: «Il diavolo, come presenta le tentazioni ai santi?». E il vegliardo gli rispose:

«C'era un padre, chiamato Nicon, che abitava sulla montagna del Sinai. Ed ecco che qualcuno recatosi alla tenda di un Faranita, e trovato sua figlia sola, peccò con lei. Poi le disse: "Tu dirai, che a farti questo è stato abba Nicon l'anacoreta". E quando giunse suo padre e lo seppe, prendendo la spada, scese dalla montagna e andò dal vegliardo. Bussò alla porta e il vegliardo uscì e mentre traeva la spada con l'intenzione di ucciderlo, la sua mano s'inaridì.

«Il Faranita andò in chiesa e parlò ai sacerdoti che fecero venire il vegliardo. Questi arrivò, ed essi gli inflissero molte percosse e vollero cacciarlo. Ma egli li supplicò dicendo: "Per amore di Dio, lasciatemi qui, perché faccia penitenza". Ed essi lo tennero in disparte per tre anni e ordinarono che nessuno andasse a trovarlo. Ed egli passò tre anni, recandosi ogni domenica in chiesa a far penitenza e a supplicare tutti dicendo: "Pregate per me". Più tardi, quello che aveva commesso la colpa, facendola poi ricadere sull'anacoreta, fu posseduto dal demonio e confessò in chiesa: "La colpa l'ho commessa io e poi ho fatto accusare falsamente il servo di Dio". Allora tutta la folla si recò dal vegliardo a fare penitenza, dicendo: "Perdonaci, abba". Ed egli disse loro: "Per quanto riguarda il perdonare, siate perdonati; ma per quanto riguarda il restare, non resterò più qui con voi, perché nessuno ha saputo discernere e prendere parte alle mie sofferenze". E detto ciò, si allontanò da quel luogo. Ecco come il diavolo presenta le tentazioni ai santi», disse il vegliardo.

Netra

Di abba Netra, il discepolo di abba Silvano, si raccontava che – quando risiedeva nella sua cella sul monte Sinai – si regolava da sé, con misura, per i bisogni del suo corpo; ma quando divenne vescovo di Faran, lui stesso si costrinse a vivere nell'austerità. E il suo discepolo gli disse: «Abba, quando eravamo nel deserto non praticavi una simile ascesi». E il vegliardo rispose: «Laggiù vi era il deserto, la pace interiore e la povertà e io potevo regolare il mio corpo in modo da non essere malato e da non cercare ciò che non avevo. Ma ora, qui, vi è il mondo e le sue sollecitazioni; e anche se mi ammalerò ci sarà qualcuno per accogliermi. È necessario dunque che io pratichi una maggiore ascesi per non distruggere il monaco che è in me».

Niceta

Abba Niceta raccontava che due fratelli furono concordi nel progetto di abitare insieme. Il primo pensava fra sé: « Se mio fratello desidera qualcosa, io lo farò ». E il secondo pensava lo stesso: « Io farò la volontà di mio fratello ». E vissero molti anni in una grande carità. Vedendo ciò, il nemico si mise all'opera per separarli e, all'entrata della cella, apparve a uno come una colomba e all'altro come un corvo. Il primo disse: « Vedi questa colombina? ». L'altro disse: « È un corvo ». E cominciarono a discutere e a contraddirsi; poi si alzarono e vennero alle mani picchiandosi a sangue, con somma gioia del nemico, quindi si separarono. Tre giorni dopo, tornarono indietro, rientrarono in se stessi e facendo penitenza riconobbero ciò che ciascuno di loro credeva essere l'uccello che aveva visto e, riconoscendo la lotta del nemico, rimasero fino alla fine senza più separarsi.

ξ

Xantia

1. Abba Xantia disse: «Il ladro era sulla croce, e con una sola parola fu giustificato; e Giuda, che era nel numero degli apostoli, in una sola notte perse se stesso e scese dal cielo agli inferi. Perciò, che nessuno si vanti delle sue opere buone, poiché tutti quelli che fecero affidamento su se stessi caddero».

2. Abba Xantia salì un giorno da Sceti a Terenutis. E nel luogo ove, affaticato da questo esercizio, si riposò, gli fu offerto un po' di vino. Saputo che si trovava lì, altri gli portarono un indemoniato. E il demone cominciò a insultare il vegliardo: «Voi mi avete condotto da questo ubriacone!». E il vegliardo, che tuttavia non voleva cacciarlo, gli disse riguardo all'ingiuria: «Confido in Cristo che prima di aver finito questa coppa tu te ne sarai andato». E quando cominciò a bere, il demonio gettò alte grida dicendo: «Tu mi bruci, mi bruci!». E prima di aver finito, il demonio uscì per grazia di Cristo.

Olimpio

O

1. Abba Olimpio raccontava questo fatto: Un prete dei greci, un giorno, scese a Sceti, venne nella mia cella e vi dormì. Dopo aver osservato il modo di vivere dei monaci, mi domandò: «Vivendo così, non avete nessuna visione proveniente dal vostro Dio?». E io gli dissi di no. Il prete riprese: «Però, quando noi facciamo un sacrificio al nostro Dio, egli non ci nasconde niente, ma ci scopre i suoi misteri; e voi che vi date tanto da fare in veglie, in raccoglimento e ascesi, tu dici che non vedete niente! In verità, se dunque non vedete niente, è perché avete nel cuore dei pensieri impuri che vi separano dal vostro Dio, e per questa ragione i suoi misteri non vi sono rivelati». Andai a riferire ai vegliardi le parole del prete. Essi furono presi d'ammirazione e dissero che le cose stavano proprio così, poiché i pensieri impuri separano Dio dall'uomo.

2. Abba Olimpio, quello delle Celle, fu assalito dal desiderio di fornicazione. E il suo pensiero gli disse: «Va' e prendi una donna». Si alzò, fece del fango, ne modellò una donna e

disse a se stesso: « Ecco la tua donna; devi quindi lavorare molto per nutrirla ». E lavorò dandosi tanto da fare. Il giorno seguente, fece nuovamente del fango, si modellò una figlia e disse al suo pensiero: « La tua donna ha generato; devi lavorare di più, per poter nutrire e vestire tua figlia ». Così facendo, si esaurì e disse al proprio pensiero: « Non posso più sostenere questa fatica ». E il pensiero disse: « Se non puoi sostenere la tua fatica, non cercare più la donna ». E Dio, vedendo la sua pena, gli evitò la lotta ed egli ebbe riposo.

Poemen

π

1. Poiché era ancora giovane, abba Poemen un giorno si recò da un vegliardo per interrogarlo su tre pensieri. Giunto dal vegliardo, dimenticò uno dei tre (pensieri) e ritornò nella sua cella. Mentre tendeva la mano per aprire la porta, si ricordò del pensiero che aveva dimenticato e, lasciando lì la chiave, ritornò dal vegliardo, il quale gli disse: « Sei venuto in fretta, fratello ». Ed egli raccontò: « Nel momento in cui tendevo la mano per prendere la chiave, mi sono ricordato del pensiero che cercavo; così non ho aperto ma sono tornato sui miei passi ». Ora la lunghezza del percorso era grandissima. E il vegliardo gli disse: « Pastore delle greggi, il tuo nome sarà pronunciato in tutto l'Egitto ».

2. Una volta, Paisio, il fratello di abba Poemen, attaccò discorso con qualcuno fuori della sua cella, ma abba Poemen non era contento. Perciò si alzò e si recò velocemente da abba Ammonas dicendogli: « Mio fratello Paisio conversa con qualcuno, quindi non ho riposo ». Abba Ammonas gli disse: « Poemen, vivi anco-

ra? Va', sieditI nella tua cella e imprimi nel tuo cuore che tu sei già da un anno nel sepolcro».

3. I sacerdoti della regione si recarono un giorno nei monasteri ove si trovava abba Poemen. Abba Anoub andò a dirgli: «Oggi, invitiamo i sacerdoti». Ma egli stette a lungo senza dargli risposta, e, molto addolorato, abba Anoub uscì. Quelli che erano vicino ad abba Poemen gli domandarono: «Abba, perché non gli hai dato risposta?». Abba Poemen rispose loro: «Quello non è un problema mio, poiché sono morto e un morto non parla».

4. Prima che venisse il gruppo di abba Poemen, c'era in Egitto un vegliardo che godeva di notorietà e stima considerevoli. Quindi, allorché il gruppo di abba Poemen salì da Sceti, gli uomini abbandonarono quel vegliardo per andare a trovare abba Poemen. E il vegliardo, geloso, diceva male di loro.

Abba Poemen lo seppe, ne fu rattristato e disse ai fratelli: «Che cosa fare per questo grande vegliardo, giacché gli uomini ci hanno messo nell'imbarazzo abbandonandolo e venendo da noi che non siamo niente? Come possiamo calmare questo vegliardo?». E disse loro: «Preparate un po' di cibo, prendete un otre di vino e andiamo a trovarlo e a mangiare con lui. Potremo così facilmente calmarlo». Quindi si rifornirono di cibo e uscirono.

Quando bussarono alla porta, il discepolo

del vegliardo domandò: «Chi siete?». Essi risposero: «Puoi dire all'abba che Poemen desidera essere benedetto da lui». Il discepolo, dopo avergli riferito questo, fece sapere che il vegliardo aveva detto: «Va', non ho il tempo». Ma essi perseverarono nonostante il caldo, dicendo: «Non ce ne andremo, prima di avere ottenuto d'incontrare il vegliardo».

Vedendo la loro umiltà e sopportazione, il vegliardo fu colmo di contrizione e aprì loro la porta. Allora essi entrarono e mangiarono con lui. Durante il pasto, egli disse: «In verità, non è solo quello che ho sentito dire a vostro riguardo, ma il centuplo che io vedo nelle vostre opere». E da quel giorno divenne loro amico.

5. Un giorno, il capo della regione desiderò vedere abba Poemen, ma il vegliardo non vi acconsentì. Così, adducendo come pretesto che era un malfattore, il capo prese il figlio di sua sorella e lo gettò in prigione, pensando: "Se il vegliardo viene a intercedere per lui, io lo libererò". Sua sorella, dunque, si recò a piangere alla porta di abba Poemen, ma questi non le dette risposta. Allora lei lo rimproverò con queste parole: «Cuore di pietra, abbi pietà di me, poiché è il mio unico figlio». E lui le fece dire: «Poemen non ha generato figli». E udito ciò, la sorella se ne andò. Venutolo a sapere, il capo gli fece dire: «Anche se me lo chiedi con una parola, io lo libererò». Il vegliardo gli rispose a sua volta:

«Giudicalo secondo le leggi; se è degno di morte, mettilo a morte; altrimenti, fa' come vuoi».

6. Un altro giorno, diversi vegliardi si recarono da abba Poemen; ed ecco che un parente di Poemen aveva un figlio il cui volto, per una potenza maligna, era rivolto all'indietro. Il padre del bambino, vedendo il numero dei padri, prese il figlio e si sedette piangendo all'esterno del monastero. Ora, uno dei vegliardi, mentre usciva, lo vide e gli domandò: «Perché piangi, uomo?». Questi rispose: «Sono parente di abba Poemen, ed ecco che a mio figlio è accaduta inaspettatamente questa disgrazia. Volevo condurlo dal vegliardo, ma ho timore che egli non voglia riceverci. E se ora scopre che sono qui, mi farà cacciare. Tuttavia la vostra presenza mi ha dato il coraggio di venire. Quindi, se tu, padre, lo vuoi, abbi pietà di me, porta il bambino all'interno e pregate su di lui». E il vegliardo prese il bambino, entrò e agì con buonsenso. Non lo presentò subito ad abba Poemen, ma, cominciando dai fratelli minori, disse: «Fate il segno di croce su questo fanciullo». E dopo averlo fatto segnare a turno da tutti, alla fine lo presentò ad abba Poemen. Ma questi non voleva fargli il segno della croce, allora gli altri lo esortarono dicendo: «Fa' come tutti anche tu, padre». Gemendo, egli si alzò e pregò dicendo: «Dio, guarisci la tua creatura affinché non sia dominata dal nemico». E dopo averlo segnato lo guarì subito e lo rese al padre.

7. Un fratello del vicinato di abba Poemen, un giorno partì per l'estero e vi incontrò un anacoreta. Questi era assai caritatevole, e molti si recavano a trovarlo. Il fratello gli parlò di quello che concerneva abba Poemen e questi, sentendo parlare della sua virtù, desiderò vederlo.

Poco tempo dopo, l'anacoreta si recò anch'egli in Egitto, da quel fratello che una volta gli aveva fatto visita e gli aveva parlato di abba Poemen. Vedendolo, il fratello fu pieno di stupore e si rallegrò molto. L'anacoreta gli domandò: «Fammi la carità di portarmi da abba Poemen». Ed egli lo condusse dal vegliardo e lo presentò dicendo: «È un grand'uomo che ha molta carità e gode di una grande stima nella sua regione. Gli ho parlato di te, ed egli è venuto poiché desidera vederti». Perciò abba Poemen lo ricevette con gioia, e dopo essersi salutati si sedettero.

Il forestiero, partendo dalla Scrittura, cominciò a parlare di cose spirituali e celesti. Ma abba Poemen girò il volto dall'altra parte e non rispose niente. L'altro, vedendo che con lui non parlava, se ne andò rattristato e disse al fratello che ve l'aveva condotto: «Ho fatto invano questo gran viaggio, giacché sono venuto dal vegliardo, ma lui non vuole parlare con me». Allora il fratello entrò da abba Poemen e gli domandò: «Abba, quel grande uomo è venuto per te, lui che ha una reputazione così grande nel suo paese. Perché non gli hai parlato?». Il vegliardo rispose: «Lui è dall'alto e parla delle cose celesti, io sono dal basso e parlo delle cose terrestri. Se mi avesse parlato delle passioni dell'anima, gli avrei risposto; ma se mi parla delle cose spirituali, io non ci capisco niente». Il fratello uscì a dirgli: «Il vegliardo non parla volentieri della Scrittura; ma se gli si parla delle passioni dell'anima, egli risponde».

Pieno di compunzione, il visitatore ritornò dal vegliardo e gli disse: «Che cosa fare, abba, giacché le passioni dell'anima mi dominano?». Volgendosi verso il forestiero, il vegliardo gioiosamente rispose: «Stavolta, vieni come si deve; e ora che apri la bocca riguardo a queste cose, io la riempirò di beni». Molto edificato l'altro disse: «Effettivamente, è questa la vera via». E ritornò nel suo paese, rendendo grazie a Dio per aver meritato d'incontrare un santo simile.

8. Un fratello si confidò con abba Poemen dicendo: «Ho commesso una colpa grave, e voglio pentirmi per tre anni». Il vegliardo gli rispose: «È molto». E il fratello riprese: «E per un anno?». Il vegliardo disse di nuovo: «È molto». I presenti domandarono: «E per quaranta giorni?». Egli disse ancora: «È molto». E aggiunse: «Io dico che se un uomo si pente con tutto il cuore, e se propone di non commettere più il peccato, Dio lo riceve anche in tre giorni».

9. Egli disse ancora: «Il segno distintivo del monaco si rivela nelle tentazioni».

10. E ancora: «Come la guardia del corpo del re sta sempre pronta al suo fianco, così l'anima deve stare in guardia contro il demone della fornicazione».

11. Abba Anoub interrogò abba Poemen sui pensieri impuri che nascono dal cuore dell'uomo e sui desideri vani. Abba Poemen gli rispose: «Può l'ascia essere glorificata senza colui che taglia per essa? Anche tu, non accoglierli e non compiacerti, ed essi saranno inefficaci».

12. Abba Poemen disse ancora: «Se Nabuzardan, il capocuoco, non fosse venuto, il tempio del Signore non sarebbe stato bruciato; cioè: se la rilassatezza della gola non venisse nell'anima, lo spirito non sarebbe vinto nella lotta col nemico».

13. Si diceva che abba Poemen, quando veniva invitato a mangiare contro la sua volontà, vi andava piangendo per non rifiutare di obbedire al suo fratello e per non affliggerlo.

14. Abba Poemen disse ancora: «Non abitare in un luogo ove vedi che alcune persone provano invidia verso di te; altrimenti non progredisci».

15. Taluni parlarono ad abba Poemen di un fratello che non beveva vino. Ed egli rispose: «Il vino non è affatto la questione dei monaci».

16. Abba Isaia interrogò abba Poemen riguardo ai pensieri impuri. Abba Poemen gli rispose: «È come un baule pieno di indumenti: se sono trascurati si rovinano con il tempo; lo stesso è per i pensieri: se non li realizziamo corporalmente, con il tempo si rovinano, cioè svaniscono».

17. Abba Giuseppe fece la stessa domanda, e abba Poemen rispose: «Se qualcuno rinchiude in un otre un serpente e uno scorpione, con il tempo finiranno per morire; così è per i pensieri cattivi: suggeriti dai demoni, essi svaniscono con la resistenza».

18. Un fratello andò a trovare abba Poemen e gli disse: «Io semino il mio campo e con quello che ne ricavo faccio la carità». Il vegliardo rispose: «Fai bene». E partì con ardente coraggio e intensificò la sua carità. Abba Anoub, sentendo quella parola, disse ad abba Poemen: «Non temi Dio, per parlare così al fratello?». Il vegliardo tacque. Due giorni dopo, abba Poemen fece venire il fratello e gli disse in presenza di abba Anoub: «Che cosa mi hai detto l'altro giorno? La mia mente era distratta». Il fratello replicò: «Ho detto che semino il campo e col ricavato faccio la carità». E abba Poemen gli disse: «Io pensavo che tu parlassi di tuo fratello che è nel mondo; ma se fai tu questo lavoro, per un monaco non è appropriato». A queste parole, il fratello fu rat-

tristato e disse: «Io non conosco nessun altro lavoro che quello, e non posso non seminare il mio campo». Quando si ritirò, abba Anoub si prostrò dicendo: «Perdonami». Abba Poemen disse: «Anch'io, fin dall'inizio sapevo che non è un lavoro da monaco; ma ho parlato adattandomi al suo pensiero e l'ho incoraggiato per aumentare la sua carità. Ora se ne è andato nella tristezza, e ricomincerà a fare la stessa cosa».

19. Abba Poemen disse: «Se un uomo ha peccato e lo nega dicendo: Io non ho peccato, non lo rimproverare; altrimenti gli togli il coraggio. Ma se tu gli dici: Non scoraggiarti, fratello, ma bada al futuro, tu risvegli la sua anima per la penitenza».

20. Disse ancora: «Insegna al tuo cuore a custodire ciò che la tua lingua insegna».

21. E ancora: «Un uomo che insegna, senza fare ciò che insegna, è simile a una fontana che dà da bere e lava tutti, ma non può purificare sè stessa».

22. Un giorno abba Poemen, di passaggio in Egitto, vide una donna seduta su una tomba, che piangeva amaramente. Egli disse: «Tutte le delizie di questo mondo non potranno attenuare il dolore di cui è pieno l'animo di questa donna. Così il monaco deve sempre custodire in se stesso la compunzione».

23. Egli disse ancora: «C'è un uomo che sembra tacere, ma il suo cuore condanna gli altri; un uomo simile chiacchiera continuamente. Ma ve n'è un altro che chiacciera da mane a sera, e tuttavia osserva il silenzio: cioè non dice niente di inutile».

24. Un fratello si recò da abba Poemen e gli disse: «Abba, ho molti pensieri che mi mettono in pericolo». Il vegliardo lo portò fuori e gli disse: «Gonfia il petto e trattieni i venti (i respiri)». Questi rispose: «Non posso fare ciò». E il vegliardo gli disse: «Se non puoi fare questo, non puoi nemmeno impedire ai pensieri di venire; ma spetta a te di sapervi resistere».

25. Abba Poemen disse: «Se tre uomini s'incontrano, e uno custodisce la pace interiore, il secondo rende grazie a Dio nella malattia, e il terzo serve e aiuta con un pensiero puro, quei tre uomini fanno la stessa opera».

26. Egli disse ancora: «Sta scritto: "Come il cervo anela ai corsi d'acqua, così l'anima mia anela a te, o Dio". Infatti i cervi, nel deserto, ingoiano molti rettili e, quando il vento li brucia, cercano di andare alle fonti e di bere per calmare la bruciatura del veleno; così è per i monaci seduti nel deserto. Essi sono bruciati dal veleno dei demoni cattivi e desiderano il sabato e la domenica per andare alle fonti delle acque, cioè al corpo e al sangue del Si-

gnore, per essere purificati dall'amarezza del maligno».

27. Abba Giuseppe interrogò abba Poemen: «Come bisogna digiunare?». Abba Poemen gli rispose: «Per quanto mi riguarda, preferisco che chi mangia ogni giorno, mangi poco per non rimpinzarsi». Abba Giuseppe gli replicò: «Quando eri più giovane, non digiunavi due giorni di seguito, abba?». E il vegliardo a lui: «In verità, anche tre giorni, e quattro, e tutta la settimana. E tutto questo, i padri lo sperimentarono come ne erano capaci; ed essi trovarono preferibile mangiare ogni giorno, ma in piccola quantità; e ci affidarono la via regale, che è leggera».

28. Si diceva che abba Poemen, ogni volta che si preparava per partecipare all'assemblea, si sedesse in disparte, esaminando i propri pensieri, per un'ora circa, quindi usciva.

29. Un fratello interrogò abba Poemen: «Mi è stata lasciata un'eredità: che cosa devo farne?». Il vegliardo gli rispose: «Va', ritorna fra tre giorni e te lo dirò». Al momento fissato dunque, ritornò, e il vegliardo gli disse: «Che cosa devo dirti, fratello? Se ti dico di darla alla chiesa, vi faranno dei banchetti; se ti dico di darla al parentado, non ne trarrai alcun profitto; se ti dico di darlo ai poveri, tu ometterai di farlo. Dunque, fa' come vuoi, ciò non mi riguarda».

30. Un altro fratello lo interrogò così: «Che cosa significa: "Tu non renderai male per male"?». Il vegliardo gli rispose: «Questa passione ha quattro forme: anzitutto essa viene dal cuore; in secondo luogo dagli occhi; in terzo luogo dalla lingua; in quarto luogo, essa consiste nel non fare il male contro il male. Se puoi purificare il tuo cuore, la passione non arriverà al tuo occhio; ma se è arrivata al tuo occhio, sta attento a non parlare; ma se parli, interrompi rapidamente la conversazione per non rendere male per male».

31. Abba Poemen disse: «La vigilanza, l'attenzione a se stesso e il discernimento, sono le tre virtù-guida dell'anima».

32. Egli disse: «Mettersi davanti a Dio, non giudicarsi da sé, e lasciare dietro a sé ogni volontà propria, questi sono gli strumenti del lavoro dell'anima».

33. «La vittoria, su ogni prova che ti accade inaspettatamente, è di tacere».

34. E ancora: «La compunzione è doppia: essa lavora e protegge».

35. E disse ancora: «Se sopraggiunge un pensiero riguardo a cose necessarie al corpo, tu vi metterai buon ordine una volta, e se viene una seconda volta e tu vi metti buon ordine, quando si presenta per la terza volta, non farvi più attenzione, poiché è inutile».

36. E raccontò ancora di un fratello, che interrogò abba Alonio dicendo: «Che cos'è l'annientamento?». E il vegliardo a lui: «È il mettersi al di sotto degli esseri irrazionali e sapere che sono irreprensibili».

37. Egli disse ancora: «Se l'uomo si ricordasse della parola che sta scritta: "Tu sei giustificato per le tue parole e sei condannato per le tue parole", sceglierebbe piuttosto il tacere».

38. Egli asseriva che l'inizio dei mali è la dispersione.

39. E disse anche che abba Isidoro, il sacerdote di Sceti, un giorno parlò al popolo dicendo: «Fratelli, non è per la sofferenza che siamo venuti in questo luogo? E ora, qui non c'è più sofferenza. Dunque, per conto mio, preparo il mantello e me ne vado dove c'è la sofferenza, perché è là che troverò il riposo».

40. Un fratello disse ad abba Poemen: «Se vedo qualcosa, vuoi che lo dica?». Il vegliardo gli rispose: «Sta scritto: "Per chi risponde prima di ascoltare, stupidità e vergogna!". Se sei interrogato, parla; altrimenti taci».

41. Il vegliardo raccontava che, un giorno, un fratello domandò ad abba Pambo se è bene lodare il prossimo. Il vegliardo gli rispose: «È meglio tacere».

42. Abba Poemen disse ancora: «Anche se un uomo facesse un cielo nuovo e una terra nuova, non potrebbe restare senza preoccupazioni».

43. Disse ancora: «L'uomo ha bisogno dell'umiltà e del timore di Dio, come del respiro che esce dalle sue narici».

44. Un fratello interrogò abba Poemen dicendo: «Che cosa devo fare?». Il vegliardo gli disse: «Abramo, quando entrò nella terra della promessa, acquistò un sepolcro per sé, e con quella tomba ereditò la terra». Il fratello gli domandò: «Che cos'è la tomba?». Il vegliardo gli rispose: «Il luogo delle lacrime e della compunzione».

45. Un altro fratello disse ad abba Poemen: «Se do a mio fratello un po' di pane o qualcosa d'altro, i demoni sporcano quei doni come fatti per piacere agli uomini». Il vegliardo gli rispose: «Anche se fosse soltanto per piacere agli uomini, diamo lo stesso al fratello ciò di cui ha bisogno». E gli raccontò la seguente parabola: «Due coltivatori abitavano nella stessa città; uno di loro seminò e raccolse miseri frutti, ma l'altro, che non si era dato la pena di seminare, non raccolse assolutamente niente. Se sopravviene una carestia, qual è dei due quello che troverà da vivere?». Il fratello rispose: «Quello che ha raccolto dei miseri frutti». Il vegliardo gli rispose: «Così è per noi: si semina un piccolo seme, e anche malsano, per non morire di fame».

46. Abba Poemen raccontò che abba Ammonas aveva detto: «Un uomo può passare tutto il suo tempo a portare un'ascia, senza riuscire ad abbattere l'albero; ma un altro, che ha l'esperienza dell'abbattimento, fa cadere l'albero in pochi colpi. E diceva che l'ascia è il discernimento».

47. Un fratello interrogò abba Poemen: «Come deve comportarsi l'uomo?». Il vegliardo gli rispose: «Vediamo Daniele: non si trovò contro di lui alcun rimprovero, eccetto nelle sue liturgie verso il Signore».

48. Abba Poemen disse: «La volontà dell'uomo è un baluardo di bronzo fra lui e Dio, una pietra d'inciampo. Se dunque l'uomo vi rinuncia, può dire: Nel mio Dio, supererò il baluardo. Se, invece, cerca la giustizia in modo che vada d'accordo con la propria volontà, l'uomo è malato».

49. E disse ancora: «Un giorno che i vegliardi erano seduti a mangiare, abba Alonio si alzò per servire; e vedendolo, lo lodarono. Ma lui non rispose assolutamente niente». Qualcuno allora gli disse in privato: «Perché non rispondi ai vegliardi che ti complimentano?». E abba Alonio gli rispose: «Se rispondessi loro, mi troverei consenziente alla loro lode».

50. E ancora: «Gli uomini parlano alla perfezione, ma lavorano pochissimo».

51. Abba Poemen disse: «Come il fumo caccia le api, e in tal caso si porta via la dolcezza del loro lavoro, così il riposo corporale caccia dall'anima il timore di Dio e annulla ogni sua attività».

52. Un fratello si recò a trovare abba Poemen nella seconda settimana di quaresima e, dopo avergli esposto i propri pensieri e aver ottenuto la pace, gli disse: «Pensa che volevo astenermi dal venire qui oggi». Il vegliardo gli domandò il perché e il fratello rispose: «Mi sono detto: Forse non mi aprirà a causa della quaresima». Abba Poemen gli replicò: «Noi non abbiamo imparato a chiudere la porta di legno, ma piuttosto quella della nostra lingua».

53. Abba Poemen disse ancora: «Bisogna fuggire le cose corporali. Infatti, ogni volta che l'uomo si avvicina alla lotta corporale, somiglia a un uomo che sta sopra un lago profondissimo: all'ora che al suo nemico sembra adatta è facilmente gettato giù. Ma se sta lontano dalle cose corporali, somiglia a un uomo che sta lontano dal lago, di modo che, anche se il nemico l'attira per gettarlo in fondo, Dio gli manda aiuto nel momento stesso in cui il nemico lo attira e gli fa violenza».

54. Egli disse ancora: «La povertà, l'afflizione, l'austerità, il digiuno, sono questi gli strumenti della vita solitaria. Sta scritto infatti: Se questi tre uomini, Noè, Giobbe e Daniele so-

no insieme, io vivo in loro, dice il Signore. Noè rappresenta la povertà, Giobbe la sofferenza e la sventura, e Daniele il discernimento. Perciò, se queste tre opere si trovano nell'uomo, il Signore abita in lui».

55. Abba Giuseppe disse: «Una volta che eravamo seduti con abba Poemen, egli nominò abba Agatone. E noi gli dicemmo: Egli è molto giovane, perché lo chiami abba? E abba Poemen disse: Perché la sua bocca lo fa chiamare abba».

56. Un fratello, un giorno, si recò da abba Poemen e gli domandò: «Che cosa devo fare, padre, giacché sono afflitto dalla fornicazione? Ecco, io sono andato da abba Ibistione che mi ha detto: "Non devi permetterle di dimorare in te"». Abba Poemen gli rispose: «Le opere di abba Ibistione sono in cielo con gli angeli, e gli sfugge che tu e io siamo nella fornicazione. Se un monaco domina il suo ventre e la sua lingua e conduce la vita di un forestiero, abbi fiducia, non morirà».

57. Abba Poemen disse: «Istruisci la tua bocca a dire quello che contiene il tuo cuore».

58. Abba Poemen raccontava che, un giorno, qualcuno domandò ad abba Paisio: «Che cosa fare alla mia anima, visto che è insensibile e non teme Dio?». Egli rispose: «Va', unisciti a un uomo che teme Dio e, vivendo vicino a lui, anche tu imparerai a temere Dio».

59. E disse ancora: «Se il monaco sa dominarsi su due punti, può divenire libero dal mondo». Il fratello domandò quali sono questi punti ed egli rispose: «L'astinenza carnale e la vanagloria».

60. Abramo, quello di abba Agatone, interrogò abba Poemen: «I demoni, come mi combattono?». E abba Poemen gli rispose: «I demoni ti combattono? Essi non combattono con noi quando facciamo la nostra volontà. Poiché i nostri desideri diventano demoni, e sono essi che ci affliggono affinché li realizziamo. Ma se vuoi sapere con chi combattevano i demoni, te lo dirò: è con Mosè e con quelli che gli assomigliano».

61. Abba Poemen disse: «Dio ha dato a Israele questo modo di vivere: astenersi da tutto ciò che è contro natura, cioè dalla collera, dalla passione, dalla gelosia, dall'odio e dalla maldicenza contro i fratelli, in poche parole da tutto ciò che caratterizza l'uomo vecchio».

62. Un fratello interrogò abba Poemen: «Dimmi una parola». Ed egli disse: «I padri hanno posto come inizio di ogni azione la compunzione». Il fratello disse ancora: «Dimmi un'altra parola». Il vegliardo rispose: «Nella misura in cui lo puoi, fa' un lavoro manuale per poter fare l'elemosina, poiché sta scritto che l'elemosina e la fede purificano dai peccati». Il fratello disse: «Che cos'è la fede?». Il vegliar-

do rispose: «La fede, è vivere nell'umiltà e fare l'elemosina».

63. Abba Poemen si recò un giorno con abba Anoub nella regione di Diolcos. Arrivati al cimitero, videro una donna molto addolorata, che piangeva amaramente. Essi si fermarono a osservarla, e procedendo un po', incontrarono qualcuno a cui abba Poemen domandò: «Che cos'ha quella donna da piangere amaramente?». Questi disse: «Piange perché suo marito, suo figlio e suo fratello sono morti». E abba Poemen disse ad abba Anoub: «Ti dico che se l'uomo non mortifica tutti i desideri della carne e non acquisisce una compunzione simile, non può diventare monaco. Infatti, tutta la vita di questa donna e il suo spirito sono orientati verso la compunzione».

64. Abba Poemen disse: «Non valutarti da te, ma vivi con chi si comporta bene».

65. Uno dei padri raccontava a proposito di abba Poemen e dei suoi fratelli che essi abitavano in Egitto e che la loro madre desiderava vederli e non lo poteva. Lei, allora, stette attenta al momento in cui si recavano in chiesa e andò loro incontro. Ma vedendola, essi fecero dietrofront e le chiusero la porta in faccia.

Lei, contro la porta, gridava e piangeva con molti gemiti, dicendo: «È necessario che vi veda, figli miei diletti». Sentendola, abba Anoub entrò da abba Poemen e gli disse: «Che cosa possiamo fare di quell'anziana donna che piange contro la porta?». E dall'interno ove stava, egli la sentiva piangere e gemere; e le domandò: «Perché gridi così, donna?». Ma lei sentendo la sua voce, gridò ancora più forte, dicendo in lacrime: «Voglio vedervi, figli miei. Che cosa potrà accadere se vi vedo? Non sono vostra madre? Non sono io che vi ho allattato? E ora che ho i capelli bianchi, quando ho sentito la tua voce mi sono turbata». Il vegliardo le rispose: «Preferisci vederci qui o nel regno dei cieli?». Ella rispose: «Se non vi vedo qui, vi vedrò nel regno dei cieli?». Egli replicò: «Se tu stessa ti domini per non vederci, ci vedrai laggiù». La donna, allora, se ne andò piena di gioia affermando: «Se sono sicura di vedervi laggiù, non desidero vedervi qui».

66. Un fratello interrogò abba Poemen dicendo: «Se un fratello è impigliato in un peccato e si converte, Dio lo perdona?». Il vegliardo gli rispose: «Dio che ha ordinato agli uomini di agire così, non farà ancor più lui stesso?». È lui che ha ordinato a Pietro di perdonare a suo fratello fino a settanta volte sette.

67. Abba Poemen disse: «Un monaco non si lamenta della propria sorte, un monaco non conserva rancore, un monaco non è collerico».

68. Un fratello interrogò abba Poemen dicendo: «Perché i demoni vogliono convincere la mia anima a vivere con chi mi è superiore e

mi fanno disprezzare chi mi è inferiore?». Il vegliardo rispose: «È per questo che l'Apostolo disse: In una grande casa vi sono non solamente vasi d'oro e d'argento, ma in legno e in argilla; e se qualcuno si purifica di tutto ciò, sarà un vaso onorevole, utile al suo maestro, pronto a ogni opera buona».

69. Un fratello interrogò abba Poemen: «Come devo stare nel luogo in cui abito?». Il vegliardo gli rispose: «Nel luogo in cui abiti, abbi la mentalità di un forestiero, per non cercare di dimostrare la tua parola, e avrai riposo».

70. Un fratello disse ad abba Poemen: «Il mio cuore diventa tepido se mi colpisce un po' di sventura». Il vegliardo gli rispose: «Non ammiriamo Giuseppe, adolescente di diciassette anni, per il modo con cui sopportò la prova fino alla fine? E Dio l'ha glorificato. E non vediamo Giobbe, come non cedette fino alla fine, persistendo nella sopportazione? Fu così che le tentazioni non poterono strapparlo alla speranza in Dio».

71. Abba Poemen disse: «La vita in comune ha bisogno di tre pratiche: una umile, l'altra in vista dell'obbedienza, e la terza, che ha come stimolo e obiettivo l'opera della comunità».

72. Si diceva che abba Poemen non volesse mai parlare dopo un altro vegliardo, ma piuttosto lo lodasse in tutto.

73. Un secolare, che conduceva un'edificante vita religiosa, si recò a trovare abba Poemen. Ora capitò che anche altri fratelli erano vicino al vegliardo, e gli domandavano di poter ascoltare una sua parola. E il vegliardo disse al fedele secolare: « Di' una parola ai fratelli ». Egli gli rispose insistendo: « Perdonami, abba, ma io sono venuto per imparare ». Ma costretto dal vegliardo disse: « Io sono secolare, vendo legumi e faccio commercio; sciolgo i fasci grandi per farne di più piccoli, compero a buon mercato e vendo caro. Poiché non so parlare della Scrittura, vi dirò una parabola. Un uomo disse al suo amico: "Giacché ho il desiderio di vedere l'imperatore, vieni con me". E l'amico gli rispose: "Ti accompagno fino a metà strada". Poi disse a un altro amico: "Tu portami dall'imperatore". Ed egli replicò: "Ti porterò fino al palazzo dell'imperatore". Egli disse a un terzo amico: "Vieni con me dall'imperatore". Egli acconsentì dicendo: "Verrò, ti porterò al palazzo, resterò, parlerò e ti farò entrare dall'imperatore" ». Essi gli domandarono qual era il messaggio di questa parabola. Ed egli spiegò: « Il primo amico è l'ascesi, che porta fino alla strada; il secondo è la castità che guida al cielo; il terzo è l'elemosina, che introduce con fiducia fino a Dio, nostro Re ». I fratelli se ne andarono edificati.

74. Alcuni padri interrogarono abba Poemen dicendo: « Se vediamo un fratello che sta

commettendo una colpa, vuoi che lo riprendiamo?». Il vegliardo rispose: «Per quanto mi riguarda, quando devo passare di qui e vedo qualcuno che sta commettendo una colpa, continuo la mia strada senza riprenderlo».

75. Abba Poemen disse: «Sta scritto: "Rendi testimonianza di ciò che i tuoi occhi hanno visto"; ed io vi dico: "Anche se avete toccato con mano, non rendete testimonianza". Infatti, un monaco ebbe un'illusione in questo campo: credette di vedere suo fratello che stava peccando con una donna. Fortemente combattuto, si avvicinò e li urtò col piede (giacché pensava che fossero loro) dicendo: Insomma smettetela, fino a quando? Ma si accorse, con sollievo, che si trattava di due covoni di grano. È per questo che vi ho detto: "Anche se toccate con mano, non rimproverate"».

76. Un fratello interrogò abba Poemen dicendo: «Che cosa fare giacché sono assalito dal desiderio di fornicazione e dall'ira?». Il vegliardo rispose: «Davide a questo riguardo diceva: "Io colpirò il leone e trafiggerò l'orso"; cioè mutilerò l'ira e stritolerò la fornicazione nelle punizioni"».

77. Egli disse ancora: «Non si può trovare carità più grande che donare la propria vita per il prossimo. Infatti, se si sente una parola cattiva che rattrista, e si ha la possibilità di dire la stessa

cosa, bisogna lottare per non dirla. Ma se si ha la peggio e si sopporta senza rendere la pariglia, allora si dona la propria vita per il prossimo».

78. Un fratello interrogò abba Poemen: «Che cosa significa andare in collera invano con il proprio fratello?». Ed egli rispose: «In qualsiasi modo tu venga offeso da tuo fratello, se vai in collera con lui, vai in collera invano. E se ti cava l'occhio destro e ti taglia la mano destra, e vai in collera con lui, tu vai in collera invano. Ma se ti separa da Dio, allora devi andare in collera».

79. Un altro fratello domandò ad abba Poemen: «Che cosa farò dei miei peccati?». Il vegliardo gli rispose: «Chi vuole purificarsi dalle proprie colpe, le purifichi nelle lacrime; e chi vuole acquisire le virtù le acquisisca nelle lacrime: poiché piangere è la via che la Scrittura e i nostri padri ci additano quando dicono: "Piangete!". Infatti, non vi è altra via che quella».

80. Egli disse ancora: «Istruire il prossimo appartiene all'uomo sano e senza passioni; infatti, perché costruire la casa altrui e distruggere la propria?»

81. Egli disse ancora: «A che serve dedicarsi a un mestiere senza cercare di impararlo?»

82. Abba Giuseppe raccontava ciò che disse abba Isacco: «Un giorno, ero seduto vicino ad abba Poemen e lo vidi andare in estasi, e poi-

ché con lui avevo una grande libertà di parola, mi prostrai e lo supplicai dicendo: Dimmi dov'eri?». E lui, molto imbarazzato, rispose: «Il mio pensiero era là, dove si trova Maria, la santa madre di Dio, che piangeva sulla croce del Salvatore. E da parte mia vorrei piangere così tutto il tempo».

83. Un fratello interrogò abba Poemen dicendo: «Perdo la mia anima se rimango vicino al mio abba; devo restargli vicino?». Il vegliardo che sapeva esserci del danno si meravigliò che l'altro gli chiedesse se doveva restare ancora, e gli disse: «Se lo vuoi, rimani». Egli andò e rimase. Ritornò un'altra volta e disse: «Perdo la mia anima». Ma il vegliardo non gli disse: «Va'». Ed egli tornò una terza volta dicendo: «In verità, io non rimango più». E abba Poemen gli disse: «Ecco, ora ti salvi; va', e non rimanere più con lui». Quindi il vegliardo disse: «Se qualcuno vede che sta perdendo la sua anima ha forse bisogno d'interrogare? Si interroga sui pensieri nascosti, e spetta ai vegliardi di verificarli; ma per le mancanze evidenti, non occorre interrogare, ma sopprimerle subito».

84. Un fratello interrogò abba Poemen dicendo: «Che cosa fare per questo peso che mi opprime?». Il vegliardo gli disse: «Nelle navi, piccole o grandi, vi sono delle cinture di alaggio di cui ci si serve quando il vento non è favorevole per tirare lentamente l'imbarcazione fino a

quando Dio manda il vento. E quando si nota che viene buio, allora si gettano le ancore affinché la nave non sia sballottata».

85. Un fratello interrogò abba Poemen a proposito del disgusto. E il vegliardo gli disse: «Il disgusto si presenta ogni volta che si è cominciato qualcosa, e non c'è passione peggiore di questa; ma se l'uomo la riconosce per ciò che è, ottiene il riposo (la pace)».

86. E riferiva ancora che abba Teona diceva: «Anche se un uomo conquista una virtù, Dio non gli accorda la sua grazia solo per sé». Sapeva infatti che non era sempre fedele nel suo lavoro, ma confidava che se fosse andato verso il proprio compagno, allora Dio sarebbe rimasto con lui.

87. Un fratello disse ad abba Poemen: «Voglio andare in una comunità e rimanervi». Il vegliardo gli replicò: «Se vuoi andare in una comunità, ricordati che non potrai fare l'opera adatta alla comunità, se non sarai sollecito verso ogni incontro e ogni impresa, poiché tu perdi ogni libertà, anche per bere una sola coppa».

88. Abba Poemen asserì che: «L'uomo non dove mai parlare di fornicazione e maldicenza, né pensarvi nel proprio cuore; perché il volerli distinguere non serve a niente; ma se ci si mostra tenaci a loro riguardo, si otterrà il riposo».

89. Abba Poemen affermava: «Tre cose soprattutto sono utili: temere il Signore, pregare continuamente e fare del bene al prossimo».

90. Un fratello disse ad abba Poemen: «Che cosa devo fare?». Il vegliardo rispose: «Quando Dio ci osserva, di che cosa dobbiamo preoccuparci?». Il fratello gli rispose: «Dei nostri peccati». Il vegliardo disse allora: «Entriamo nelle nostre celle e rimaniamoci, ricordandoci dei nostri peccati, e il Signore ci verrà in aiuto per ogni cosa».

91. Abba Poemen fu interrogato sull'impurità, ed egli rispose: «Se siamo attivi e molto vigili, non troveremo impurità in noi stessi».

92. Egli disse ancora: «Un uomo che rispetta il suo rango non ha inquietudine».

93. Un fratello interrogò abba Poemen dicendo: «Come devo restare nella cella?». Egli rispose: «Restare nella cella significa, in apparenza, fare il lavoro manuale, mangiare una sola volta al giorno, osservare il silenzio, meditare; ma progredire veramente nella cella significa avere disprezzo di se stesso in qualunque luogo si vada, e non trascurare le ore della funzione e della preghiera nascosta. E se capita che tu abbia un tempo senza lavoro manuale, va alla funzione e compila senza inquietudine. La perfezione di queste cose è ottenere buone relazioni e astenersi dalle cattive».

94. Egli disse ancora: «La malvagità non sopprime la malvagità, ma se qualcuno ti fa del male, tu fagli del bene per annullare, con la tua buona azione, la sua malvagità».

95. Abba Poemen disse: «Se l'anima si separa da chiunque discute sulle parole, così come di ogni disordine e inquietudine umana, lo Spirito di Dio viene in essa e allora potrà generare benché sterile».

96. Un fratello domandò ad abba Poemen: «Come devo vivere con quelli che sono nella comunità?». Il vegliardo rispose: «Chiunque risiede in una comunità deve vedere tutti i fratelli come uno solo, custodire la propria bocca e gli occhi, e in tal caso è nella pace, senza inquietudini».

97. Abba Giovanni, quello che era stato esiliato dall'imperatore Marciano, disse: «Un giorno ci recammo, dalla Siria, presso abba Poemen, per interrogarlo sulla durezza di cuore. Ma il vegliardo non sapeva il greco e non c'era nessun interprete. Allora, vedendo il nostro imbarazzo, cominciò a parlare in greco dicendo: "La natura dell'acqua è molle, quella della pietra è dura, ma un otre, sospeso sopra la pietra, che fa cadere l'acqua a goccia a goccia, la penetra. La stessa cosa succede della parola di Dio: essa è molle (cioè tenera) e il nostro cuore è duro; ma l'uomo che ascolta spesso la parola di Dio, apre il suo cuore al timore di Dio"».

Pambo

1. Alcuni fratelli, un giorno, si recarono da abba Pambo, e il primo lo interrogò dicendo: « Abba, io digiuno per due giorni, poi mangio due pani; mi salvo l'anima o seguo una strada sbagliata? ». E un altro disse: « Abba, ogni giorno tolgo dal guadagno del mio lavoro due monete, ne tengo una per le mie spese e dono l'altra in elemosina; mi salvo o mi perdo? ». Rimasero a supplicarlo per molto tempo, e tuttavia il vegliardo non dette loro risposta.

Dopo quattro giorni, dovettero partire e i chierici li esortavano dicendo loro: « Non vi affliggete, fratelli; Dio vi dà la ricompensa. Questa è l'abitudine del vegliardo, che non parla facilmente finché Dio non lo ispira ». Andarono quindi dal vegliardo e gli dissero: « Abba, prega per noi ». Egli disse loro: « Volete andarvene? ». Questi dissero di sì. Allora, adattando a se stesso le loro opere e scrivendo per terra, disse: « Pambo, che digiuna due giorni di seguito e mangia due pani, è così che diventa monaco? No. E Pambo, che lavora per ricevere due monete e le dona in elemosina, è così che diventa monaco? Nemmeno ». E aggiunse:

«Le opere sono buone; ma soltanto se tieni vigile la tua coscienza nei riguardi del prossimo potrai essere salvato». Ed essi, appagati, ripartirono con gioia.

2. Quattro Scetioti, vestiti di pelli, un giorno si recarono a trovare il grande Pambo. Ciascuno gli espose la virtù del proprio vicino. Il primo digiunava molto; il secondo era povero; il terzo aveva acquisito molta carità; del quarto dissero che viveva da ventidue anni nell'obbedienza di un vegliardo. Abba Pambo rispose loro: «Io vi dico che la virtù di quest'ultimo è superiore a quella degli altri. Ciascuno di loro, infatti, ha ottenuto la virtù che voleva conquistare; ma quest'ultimo, eliminando la propria volontà, fa' la volontà di un altro. Ora uomini simili, se perseverano fino alla fine, sono dei martiri».

3. Attanasio, l'arcivescovo di Alessandria di santa memoria, supplicò abba Pambo di andare ad Alessandria, ed egli vi andò. Per strada, vedendo un'attrice, si mise a piangere. I presenti gli domandarono il motivo delle sue lacrime ed egli rispose: «Due cose mi fanno piangere: una è la perdita di questa donna, e l'altra è che io non ho tanta preoccupazione di piacere a Dio, quanto questa donna di piacere agli uomini cattivi».

4. Una volta capitò che abba Pambo, in Egitto, camminava in compagnia di alcuni fratelli. Avendo incontrato dei secolari seduti, dis-

se loro: «Alzatevi, salutate i monaci per essere benedetti, poiché essi parlano a Dio continuamente e le loro bocche sono sante».

5. Si racconta che abba Pambo, quando era morente, nell'ora stessa della sua morte, disse ai santi uomini che stavano vicino a lui: «Da quando sono venuto in questo luogo, nel deserto, e vi ho costruito la mia cella e vi abito, non ricordo di aver mai mangiato del pane che non sia stato frutto delle mie mani, e non mi sono mai pentito di una parola detta, fino al momento presente. E tuttavia, vado verso Dio come se non avessi mai cominciato a servirlo».

Pior

1. Abba Pior mangiava andando avanti e indietro.

Qualcuno gli domandò perché mangiava in quel modo, ed egli rispose: «Non voglio trattare il mio cibo come un lavoro, ma come qualcosa di accessorio».

Anche a un altro, che lo interrogava a questo riguardo, rispose: «Mi comporto in questo modo, perché la mia anima non provi alcun piacere corporale a mangiare».

2. Un giorno ci fu una riunione a Sceti a proposito di un fratello che aveva peccato.

I padri parlavano, ma abba Pior taceva.

Più tardi si alzò e uscì, prese un sacco, lo riempì di sabbia e lo portò in spalla. Mise pure un po' di sabbia in una piccola borsa che portò davanti a sé.

Interrogato dai padri sul significato di tutto ciò, rispose:

«Questo sacco, che contiene molta sabbia, sono i miei numerosi peccati; li ho lasciati dietro a me per non affliggermi per essi e non piangere; ed ecco che per i piccoli peccati del fratello, che sono davanti a me, passo il mio tempo a giudicarli.

Non bisogna agire così, ma anzi bisogna portare i miei davanti a me e preoccuparmene, supplicando Dio di perdonarmeli».

I padri si alzarono e dissero: «Questa è veramente la via della salvezza».

Pistamone

Un fratello interrogò abba Pistamone dicendo: «Che cosa devo fare, poiché mi sento inquieto quando vendo il mio lavoro manuale?». Il vegliardo rispose: «Anche abba Sisoes e tutti gli altri vendevano il loro lavoro manuale; questo non è nocivo. Ma quando lo vendi, devi dire una sola volta il prezzo di ogni oggetto; poi, se desideri abbassare un po' il prezzo, sei libero di farlo; allora troverai pace». Il fratello gli disse ancora: «Se, con un mezzo o un altro, ottengo ciò che mi occorre, vuoi che mi preoccupi ancora del lavoro manuale?». Il vegliardo rispose: «Se anche avessi ciò che ti occorre, non per questo dovresti abbandonare il tuo lavoro manuale. Lavora quanto puoi; solo, fallo senza inquietudine».

Pietro, il Pionita

1. Si diceva che abba Pietro, il Pionita, alle Celle, non bevesse vino. Quando divenne vecchio, i fratelli gli prepararono un po' di vino mescolato all'acqua e lo invitarono ad accettarlo. Ed egli disse: «Credetemi, questo lo considero un vino aromatizzato». E si condannò lui stesso per quella bevanda.

2. Un fratello disse ad abba Pietro, quello di abba Lot: «Quando sono nella mia cella, la mia anima è in pace; ma se un fratello viene a trovarmi e mi parla di ciò che è esterno, la mia anima entra nell'inquietudine». Abba Pietro gli raccontò ciò che diceva abba Lot: «La tua chiave apre la mia porta». Il fratello domandò al vegliardo: «Che cosa significa questa parola?». Il vegliardo rispose: «Se qualcuno viene a trovarti, tu gli dici: come stai? da dove vieni? come stanno i fratelli? sono con te caritatevoli, o no? E allora apri la porta del fratello e capisci quello che non vuoi». Il fratello replicò: «Non è così. Che cosa deve fare, dunque, colui che riceve la visita di un fratello?». Il vegliardo rispose: «Il maestro assoluto è la compunzione.

Là, dove non c'è compunzione non ci si può proteggere».

Il fratello disse ancora: «Quando sono nella cella, la compunzione è con me; ma se qualcuno viene a trovarmi, o se esco dalla mia cella, non la trovo più». Il vegliardo disse: «Il fatto è che, per così dire, la compunzione non ti appartiene ancora, ne hai solo un certo uso. Sta scritto infatti nella Legge: "Quando tu acquisterai uno schiavo ebreo, ti servirà sei anni, e il settimo lo manderai via libero. Se tu gli dai moglie e questa genera dei figli nella tua casa e lui non vuole andarsene a causa della moglie e dei figli, lo accompagnerai alla porta della casa e gli forerai l'orecchio con una lesina, ed egli diventerà tuo schiavo"».

Il fratello domandò: «Che cosa significa questa parola?». Il vegliardo rispose: «Se un uomo si dà da fare quanto gli è possibile per una causa, nell'ora in cui la cercherà per un bisogno, la troverà». Il fratello replicò: «Fammi la carità, spiegami questa parola». Il vegliardo spiegò: «Il bastardo non rimane a servire qualcuno, ma il figlio legittimo non abbandona suo padre».

Pafnuzio

1. Abba Pafnuzio disse: «Mentre camminavo su una strada mi successe di smarrirmi e di trovarmi vicino a un villaggio. Vidi alcune persone che facevano penose conversazioni. Io stetti in piedi a pregare per i miei peccati. Ed ecco, venne un angelo che teneva una spada e mi disse: Pafnuzio, tutti quelli che giudicano i loro fratelli periscono per mezzo di questa spada; ma tu, perché non hai giudicato, ma ti sei umiliato di fronte a Dio dicendo che tu hai peccato, per questo il tuo nome è iscritto nel libro dei viventi».

2. Si diceva che abba Pafnuzio non bevesse facilmente vino. Un giorno, sulla via, si trovò in presenza di una banda di ladri che stavano bevendo vino. Il capobanda lo conosceva e sapeva che non beveva vino. Vedendo la sua grande stanchezza, gli riempì una coppa di vino e, tenendo la spada in mano, gli disse: «Se non bevi ti uccido». E il vegliardo, nella coscienza di compiere il comando di Dio, per convertire il ladro prese la coppa e bevve. Allora il capobanda gli domandò perdono dicendo: «Perdona-

mi, abba, perché ti ho addolorato». E il vegliardo rispose: «Ho fiducia che Dio, grazie a questa coppa ti farà misericordia ora e nel secolo futuro». E il capo dei ladri disse: «Ho fiducia in Dio che da questo momento non farò più male a nessuno». Il vegliardo convertì tutta la banda, abbandonando la volontà propria per il Signore.

Paolo, il cosmeta

1. Abba Paolo, il cosmeta e Timoteo suo fratello risiedevano a Sceti. Fra loro discutevano spesso. Abba Paolo disse: «Fino a quando resteremo così?». Abba Timoteo gli rispose: «Fammi la carità di sopportarmi quando mi opporrò a te; e quando tu ti opporrai a me, io, a mia volta, ti sopporterò». Ed essi passarono in pace, grazie a questa pratica, il resto dei loro giorni.

2. Gli stessi abba Paolo e Timoteo, i cosmeti, a Sceti erano importunati dai fratelli. E Timoteo disse a suo fratello: «Perché accettiamo questo stato? Non ci lasciano vivere in pace per tutta la giornata». E abba Paolo rispose: «La pace della notte ci basta, se il nostro pensiero è vigile».

Paolo, il grande

1. Abba Paolo, il grande, il galate, diceva: «Il monaco che ha nella sua cella alcuni piccoli oggetti di cui ha bisogno, e che esce per occuparsene, è la vittima dei demoni. Infatti, l'ho provato anch'io».

2. Abba Paolo disse: «Io sono nel pantano, vi affondo fino al collo, e piango in presenza di Dio dicendo: Abbi pietà di me».

3. Si diceva che abba Paolo passasse la quaresima accontentandosi di una misura di lenticchie e di una piccola brocca d'acqua, e che lavorasse a un solo paniere, tessendolo e disfacendolo, rimanendo recluso fino alla festa.

Paolo, il semplice

1. Il beato abba Paolo, il semplice, discepolo di abba Antonio, raccontò ai padri quanto segue.

Un giorno, egli si recò in un monastero per visitarlo e per essere utile ai fratelli. Dopo la solita conversazione, i fratelli entrarono nella santa chiesa di Dio per recitare l'ufficio, come al solito. Egli, Il beato Paolo, stava attento a ciascuno di quelli che entravano in chiesa, esaminando con quale disposizione di spirito andavano all'assemblea. Infatti, aveva ricevuto dal Signore la grazia di poter vedere come ciascuno era nel proprio animo, come noi vediamo com'è il volto delle persone.

Dopo che tutti furono entrati con occhi brillanti e il volto splendente, e che l'angelo di ciascuno si rallegrava su di lui, Paolo disse di vederne solo uno nero e il cui corpo era tenebroso. Egli aveva al suo fianco dei demoni, che s'impossessavano di lui e lo attiravano gettandogli una cavezza al collo, mentre il suo angelo, pieno di tristezza e a testa bassa, lo seguiva da lontano.

Paolo, in lacrime, si batté il petto e si sedette davanti alla chiesa, piangendo amaramente su colui che aveva visto in quel modo. I fratelli, vedendo quel curioso comportamento e il brusco cambiamento che l'aveva portato alle lacrime e alla compunzione, gli domandarono con insistenza di dire perché piangeva, temendo che questo fosse un segno di accusa contro tutti. Quindi lo invitarono a recarsi con loro all'ufficio divino. Ma Paolo li scostò e rimase seduto all'esterno, lamentandosi riguardo a colui che aveva visto in quello stato.

Poco dopo il congedo dell'assemblea, quando tutti uscivano, Paolo esaminò ciascuno, volendo sapere in quale stato uscivano. E vide quell'uomo, prima nero e dal corpo oscurato, uscire dalla chiesa col volto splendente e il corpo bianco, e i demoni lo seguivano da lontano mentre il santo angelo l'accompagnava da vicino e si rallegrava molto a suo riguardo. E Paolo saltò dalla gioia e si mise a gridare benedicendo Dio: « O l'ineffabile filantropia e bontà di Dio! ». E salì correndo su un gradino elevato e disse con una voce forte: « Venite e vedete le opere del Signore, come sono terribili e degne di tutta la nostra meraviglia! Venite e vedete colui che vuole che tutti gli uomini siano salvi e arrivino alla conoscenza della verità! Venite, inchiniamoci e gettiamoci ai suoi piedi e diciamo: Tu solo puoi togliere i peccati! »

Tutti accorsero in fretta, volendo sentire quello che diceva. Quando tutti furono riuniti, Paolo raccontò ciò che aveva visto all'entrata della chiesa e ciò che era avvenuto; poi domandò a quell'uomo di dire la causa per la quale Dio lo aveva gratificato improvvisamente di un tale cambiamento.

E l'uomo indicato da Paolo raccontò, senza tergiversare, davanti a tutti ciò che lo riguardava, dicendo: «Io sono un uomo peccatore; da molto tempo fino ad oggi sono vissuto nella fornicazione; entrando ora, nella santa chiesa di Dio, ho sentito il santo profeta Isaia che veniva letto, o piuttosto, Dio che parlava tramite lui: "Lavatevi, diventate puri, togliete la malvagità dai vostri cuori, imparate a fare il bene davanti ai miei occhi. Anche se le vostre colpe sono come la porpora, le sbiancherò come la neve; e se lo volete e mi ascoltate, voi mangerete i beni della terra". Ed io, pieno di compunzione per la parola del profeta, gemetti nel mio spirito e dissi al Signore: "Dio, tu che sei venuto nel mondo per salvare i peccatori, ciò che tu annunci ora, attraverso il profeta, compilo in me che sono un peccatore e un uomo indegno. Ecco che da da questo momento ti prometto che non farò più niente di quelle cattive azioni. Rinuncio a ogni trasgressione, per servirti con una coscienza pura. O Maestro buono, accogli il mio pentimento e aiutami ad astenermi, per il futuro, da ogni colpa"». E continuò: «Su queste promesse lasciai la chiesa, fermamente deciso nella mia anima a non commettere più niente di vile di fronte a Dio».

A queste parole, tutti i fratelli gridarono a una sola voce verso Dio: «Quanto magnifiche sono le tue opere, Signore, e con quanta saggezza le hai fatte! Conosciamo dunque, cristiani, avendolo appreso dalle sante Scritture e dalle sante rivelazioni, la grande bontà di Dio per quelli che si rifugiano sinceramente in lui e che, con la penitenza, correggono le loro colpe passate. Sappiamo che Dio rende i beni promessi anteriormente, senza esigere soddisfazione per le colpe passate, e non disperiamo della nostra salvezza. Infatti, come fu annunciato dal profeta Isaia, Dio lava quelli che sono impantanati nelle loro colpe, li sbianca come la lana e come la neve e li gratifica dei beni della Gerusalemme celeste. Con giuramento, per mezzo del profeta Ezechiele, Dio ci garantisce di non distruggerci: "Io vivo", dice il Signore, "perché non voglio la morte del peccatore, ma che si converta e viva"».

Un abba di Roma

ϱ

1. Un romano, un tempo alto funzionario del palazzo, andò a farsi monaco a Sceti, ove si stabilì vicino alla chiesa. Egli aveva qualcuno per servirlo, e il sacerdote, conoscendo la sua salute cagionevole e l'agio in cui viveva prima, gli faceva pervenire ciò di cui aveva bisogno e che veniva portato in chiesa. Avendo vissuto venticinque anni a Sceti, divenne veggente e famoso. Uno fra i grandi egiziani, che sentì parlare di lui, si recò a fargli visita, pensando di trovare in lui un modo di vivere fisicamente più austero. Entrò e lo salutò, fecero la preghiera e si sedettero. Ora l'egiziano vide che il monaco indossava indumenti fini e possedeva un letto con una coperta e un piccolo cuscino. Vide che aveva i piedi puliti, calzati di sandali. Dopo aver constatato tutto questo, se ne scandalizzò perché una simile maniera di vivere non è consona a quei luoghi; vi è necessario piuttosto l'austerità di vita. E il vegliardo, poiché aveva il dono di visione, comprese che era scandalizzato e disse a chi lo serviva: «Dobbiamo fare festa oggi, a causa dell'abba». Aveva un po' di legumi e li fece cuocere. All'ora stabilita, si alzarono e man-

giarono. Il vegliardo, a causa della sua malattia, aveva anche un pò di vino perciò ne bevvero. E quando fu sera, recitarono i dodici salmi e si addormentarono. E fecero lo stesso durante la notte. Alzatosi all'alba, l'egiziano disse: «Prega per me». E se ne andò senza essere edificato.

Quando fu un po' lontano, il vegliardo, che voleva edificarlo, mandò qualcuno per richiamarlo. Al suo arrivo, lo ricevette di nuovo con gioia e lo interrogò dicendo: «Di che paese sei?». Egli rispose: «Egiziano». «E di che città?». Egli disse: «Non sono affatto cittadino». «E qual era il lavoro che svolgevi nel tuo villaggio?». Egli disse: «Ero guardiano». «Dove dormivi?». Rispose: «Nel campo». «Avevi una coperta sotto di te?». Egli disse: «In verità, posso forse mettere sotto di me una coperta in un campo?». «Ma come dormivi?». Ed egli: «Per terra». Il vegliardo disse ancora: «Che cibo avevi e che vino bevevi nel campo?». Rispose: «C'è da mangiare e da bere nei campi?». «Ma come vivevi?». Disse: «Mangiavo pane secco e, se ne trovavo, un po' di carne conservata sotto sale, con un po' di acqua». Il vegliardo replicò: «Vita difficile! Al villaggio c'erano bagni pubblici per lavarsi?». Egli rispose: «No, ma ci lavavamo nel fiume, quando lo volevamo». Dopo che il vegliardo ebbe appreso tutto ciò e si fu informato della durezza della sua vita precedente, nell'intenzione di essergli utile, gli raccontò il proprio modo di vivere di un tempo, quando era nel mondo: «Io, l'umile uomo che tu vedi, sono della grande città di Roma, e sono diventato grande nel palazzo dell'imperatore».

Quando l'egiziano sentì l'inizio di quel racconto fu pieno di compunzione e ascoltò attentamente ciò che l'altro gli diceva. L'abba continuò: «Ho quindi abbandonato la città e sono venuto in questo deserto. Nel mondo avevo grandi case e molte ricchezze, che ho poi disprezzate e sono venuto in questa celletta. Avevo letti in oro con coperte di grande valore. In cambio di ciò, Dio mi ha dato questo lettino e questa pelle. I miei abiti erano di grande prezzo e valore; al loro posto indosso indumenti senza valore. Per i miei pranzi si spendeva una fortuna; in cambio di ciò, Dio mi ha dato questo piattino di legumi e una coppa di vino. Avevo molti schiavi al mio servizio; in cambio di ciò, Dio affligge questo vegliardo per servirmi. In cambio dei bagni, getto un po' d'acqua sui miei piedi e calzo sandali a causa della mia debolezza. E in cambio delle musiche e delle cetre, recito o canto i dodici salmi; e la notte allo stesso modo; al posto dei peccati che commettevo, ora faccio, nel riposo, la mia piccola liturgia. Quindi, te ne supplico abba, non scandalizzarti della mia debolezza».

Sentendo questo, l'egiziano rientrò in se stesso e disse: «Guai a me poiché, dopo una grande afflizione nel mondo, sono venuto al riposo; e quello che non avevo allora, ora lo possiedo. Mentre tu, dopo un grande benessere sei venuto nell'afflizione; e dopo molta gloria e ricchezza sei venuto all'umiltà e alla povertà». Molto edificato, egli si ritirò, divenne suo amico e lo frequentò spesso per utilità. Poiché era un uomo pieno di discernimento e colmo del buon odore dello Spirito santo.

2. Egli raccontava di un vegliardo, che aveva un buon discepolo. Un giorno il vegliardo cacciò fuori il discepolo con disprezzo, col solo mantello. E il fratello rimase seduto fuori. Il vegliardo, dopo aver aperto la porta e averlo trovato seduto, si prostrò e gli disse: «O padre, l'umiltà della tua pazienza ha vinto il mio disprezzo, vieni dentro, e da questo momento tu sei il vegliardo e il padre, e io sono il più giovane e il discepolo».

Sisoes

σ

1. Un fratello a cui un altro aveva fatto torto si recò a trovare abba Sisoes e gli disse: «Ho subìto un torto da parte di un fratello e voglio vendicarmi». Il vegliardo lo esortò dicendo: «No, figlio mio, ma piuttosto lascia a Dio questo tuo bisogno di vendetta». Egli rispose: «Non avrò tregua finché non mi sarò vendicato». Il vegliardo replicò: «Preghiamo, fratello». E il vegliardo si alzò e disse: «Dio, non abbiamo più bisogno che tu ti occupi di noi, perché noi ci facciamo giustizia da soli». Sentendo queste parole, il fratello cadde ai piedi del vegliardo dicendo: «Non cercherò più giustizia da mio fratello; perdonami, abba».

2. Un fratello interrogò abba Sisoes dicendo: «Che cosa fare, quando vado in chiesa e trovandovi una festa vengo trattenuto?». Il vegliardo gli rispose: «È una domanda difficile». Allora Abramo, suo discepolo, disse: «Se la riunione ha luogo un sabato o una domenica, e un fratello beva tre coppe, non è troppo?». Il vegliardo rispose: «Se non è Satana, non è molto».

3. Il discepolo di abba Sisoes gli disse: «Padre, tu invecchi. Ormai dobbiamo ritornare nei pressi di un paese abitato». Il vegliardo gli rispose: «Andiamo là, dove non ci sono donne». Il suo discepolo gli domandò: «E dov'è il luogo ove non ci sono donne, se non il deserto?». E il vegliardo disse: «Portami nel deserto!»

4. Il discepolo di abba Sisoes gli diceva spesso: «Abba, alzati e mangiamo». E questi gli rispondeva: «Non abbiamo mangiato, figlio mio?». Ed egli replicava: «No, padre». Allora il vegliardo diceva: «Se non abbiamo mangiato, prepara e mangiamo».

5. Abba Sisoes un giorno si espresse liberamente dicendo: «Fiducia: ecco, da trent'anni non prego più Dio per le mie colpe, ma gli faccio questa preghiera: Signore Gesù, proteggimi dalla mia lingua; e fino a questo momento, io cado ogni giorno per causa sua e commetto peccato».

6. Un fratello disse ad abba Sisoes: «Come mai le passioni non se ne vanno da me?». Il vegliardo disse: «I loro strumenti sono dentro di te; da' loro la caparra e se ne andranno».

7. Quando abba Sisoes risiedeva sulla montagna, da abba Antonio, poiché il suo discepolo tardava a venire, non vide nessuno per dieci mesi. Ora, mentre camminava in montagna, incontrò un faranita che cacciava bestie selvatiche. E

il vegliardo gli disse: «Da dove vieni? E da quanto tempo sei qui?». Egli rispose: «In verità, abba, sono su questa montagna da undici mesi, e non ho visto nessuno oltre te». Sentendo questo, il vegliardo entrò nella sua cella e si batté il petto dicendo: «Ecco, Sisoes, tu hai pensato di aver fatto qualcosa, ma non sei nemmeno giunto all'altezza di questo secolare».

8. Sulla montagna di abba Antonio fu trovato un dono che consisteva in un piccolo otre di vino. Uno dei vegliardi, prendendo un vaso e una coppa, andò a offrirne ad abba Sisoes, e questi bevve. Poi gliene offrì una seconda volta, ed egli accettò. Gliene offrì una terza volta, ma non accettò dicendo: «Fermati, fratello, non sai che è Satana?»

9. Uno dei fratelli andò a trovare abba Sisoes sulla montagna di abba Antonio. Mentre parlava disse ad abba Sisoes: «Sei già giunto all'altezza di abba Antonio, padre?». E il vegliardo gli rispose: «Se avessi uno dei pensieri di abba Antonio, diventerei interamente come di fuoco; però conosco un uomo che, con fatica, può portare il pensiero di Antonio».

10. Un tebano si recò un giorno da abba Sisoes poiché voleva diventare monaco. E il vegliardo gli domandò se aveva qualcuno nel mondo. Questi disse: «Ho un figlio». Il vegliardo riprese: «Va', gettalo nel fiume, e allora

diventerai monaco». Mentre partiva per gettarlo, il vegliardo inviò un fratello per impedirglielo. E quando si preparava a gettarlo, il fratello disse: «Fermati, che cosa fai?». E l'altro disse: «L'abba mi ha detto di gettarlo». Allora il fratello disse: «Ma poi ha detto di non gettarlo». E lasciatolo, andò a trovare il vegliardo e divenne un monaco provato dalla sua obbedienza.

11. Un fratello interrogò abba Sisoes dicendo: «Satana dava la caccia agli antichi allo stesso modo?». Il vegliardo gli rispose: «Attualmente lo fa' di più, perché il suo tempo si avvicina ed è inquieto».

12. Abramo, il discepolo di abba Sisoes, fu tentato un giorno dal demonio. E il vegliardo vide che aveva ceduto. Levatosi, tese le mani verso il cielo dicendo: «Dio, che tu lo voglia o no, non ti lascerò finché non l'avrai guarito». E subito il fratello fu guarito.

13. Un fratello interrogò abba Sisoes: «Io mi accorgo che il ricordo di Dio resta in me». Il vegliardo gli disse: «Non è una gran cosa essere con Dio nel pensiero; ma ne è una grande il vedere te stesso inferiore a ogni creatura. Questo, infatti, unito alla pena corporale, porta all'umiltà».

14. Si diceva che abba Sisoes, quando fu sul punto di morire, mentre i padri erano seduti vi-

cino a lui, il suo volto brillò come il sole. E disse loro: «Ecco che viene abba Antonio». Poco dopo, riprese: «Ecco, viene il coro dei profeti». E di nuovo il suo volto brillò intensamente e continuò: «Ecco, viene il coro degli apostoli». E il suo volto raddoppiò di splendore e sembrava conversare. E i vegliardi gli domandarono: «Con chi parli, padre?». Egli rispose: «Ecco che gli angeli vengono a prendermi, e io li supplico di lasciarmi fare un po' di penitenza». I vegliardi gli dissero: «Tu non hai bisogno, padre, di fare penitenza». Ma il vegliardo replicò: «In verità, non ho nemmeno coscienza di essere ancora all'inizio». E tutti sapevano che era perfetto. E di nuovo il suo volto diventò all'improvviso come il sole, e tutti furono pieni di timore. Egli disse loro: «Guardate, il Signore viene e dice: "Portatemi il vaso di elezione del deserto"». E ci fu come un lampo folgorante e tutta la casa fu piena di buon odore.

15. Abba Adelfio, vescovo di Nilopolis, andò a trovare abba Sisoes sulla montagna di abba Antonio. Quando furono pronti a partire, prima di mettersi in cammino, egli li fece mangiare all'alba. Ora era digiuno. E mentre apparecchiavano, ecco che alcuni fratelli bussarono alla porta. Egli disse al suo discepolo: «Da' loro un po' da mangiare, giacché sono stanchi». Abba Adelfio gli rispose: «No, lascia stare, perché non abbiano a dire che abba Sisoes mangia fin dall'au-

rora». Allora il vegliardo lo scrutò e disse al fratello: «Va', offri loro da mangiare». Quando essi videro il cibo, dissero: «Avete dei forestieri, e il vegliardo non mangia con voi?». Il fratello rispose di sì. Allora, pieni di afflizione, cominciarono a dire: «Che Dio vi perdoni per aver lasciato che il vegliardo mangiasse ora. Non sapete che, per questo, egli si mortificherà a lungo?». Il vescovo li sentì e s'inchinò davanti al vegliardo dicendo: «Perdonami, abba, perché ho ragionato umanamente; ma tu, hai fatto l'opera di Dio». E abba Sisoes gli rispose: «Se Dio non glorifica l'uomo, la gloria degli uomini è senza valore».

16. Alcuni fratelli andarono a trovare abba Sisoes per sentire da lui una parola. Ma egli non parlò loro, accontentandosi di dire: «Perdonatemi». Vedendo i cestini, i visitatori dissero al suo discepolo Abramo: «Perché fate questi cestini?». Egli disse: «Li vendiamo qua e là». Il vegliardo sentendo ciò disse: «E anche Sisoes mangia da una parte o dall'altra». Con queste parole, i visitatori furono molto aiutati e ripartirono con gioia, edificati per la sua umiltà.

17. Abba Ammon da Rhaitou interrogò abba Sisoes: «Quando leggo la Scrittura, il mio spirito mette ogni sua cura alle parole, perché abbia qualcosa da dire se mi si interroga». Il vegliardo gli disse: «Non è necessario; è meglio acquisire per te stesso, con la purezza dello spirito, di essere senza preoccupazione e di parlare».

18. Un secolare si recò con suo figlio da abba Sisoes, sulla montagna di abba Antonio. Successe che lungo il cammino suo figlio morì. Egli ne fu turbato ma lo portò con fiducia al vegliardo e s'inchinò con suo figlio, come per una prosternazione per essere benedetto dal vegliardo. Poi il padre si alzò, lasciò il bambino ai piedi del vegliardo e uscì. Il vegliardo, pensando che il bambino fosse stanco, gli disse: « Alzati, esci ». Poiché non sapeva che era morto, e immediatamente il bambino si alzò e uscì. Vedendolo, suo padre fu sbalordito, rientrò, s'inchinò davanti al vegliardo e gli annunciò il fatto. E il vegliardo, sentendo questo, fu colmo di tristezza, poiché non aveva l'intenzione che il fatto avvenisse. Il discepolo domandò quindi al padre del bambino di non parlarne a nessuno fino alla morte del vegliardo.

19. Si diceva che abba Sisoes, seduto nella sua cella, chiudesse sempre la porta.

20. Abba Sisoes disse: « Fatti disprezzare, rinuncia alla tua volontà, non inquietarti e otterrai il riposo ».

Silvano

1. Abba Silvano e il suo discepolo Zaccaria, un giorno, si recarono in un monastero ove dettero loro da mangiare prima che si mettessero in cammino. E quando furono fuori, il discepolo trovò dell'acqua e volle bere. Il vegliardo gli disse: «Zaccaria, oggi è digiuno». Questi gli rispose: «Ma, padre, non abbiamo mangiato?». Il vegliardo gli replicò: «Quello che abbiamo mangiato veniva dalla carità; ma noi, figlio mio, osserviamo il nostro digiuno».

2. Abba Silvano, seduto un giorno con alcuni fratelli, andò in estasi e cadde con la faccia a terra. Dopo molto tempo, si alzò e pianse. I fratelli lo supplicavano dicendo: «Che hai, padre?». Ma lui, stava in silenzio e piangeva. E siccome insistevano perché parlasse, disse: «Sono stato rapito al giudizio e ho visti molti della nostra comunità che andavano al castigo, e molti secolari che andavano al regno». E il vegliardo era nella compunzione e non voleva lasciare la sua cella. E se era costretto a uscire, si nascondeva il volto con il cappuccio dicendo: «Perché voler vedere questa luce temporale che non possiede nulla di utile?»

3. Un'altra volta, il suo discepolo Zaccaria entrò e lo trovò in estasi, e le sue mani erano tese verso il cielo. Allora chiuse la porta e uscì, e, tornato alla sesta, poi alla nona ora, lo trovò così. Alla decima ora bussò, entrò e lo trovò nella pace interiore e gli disse: «Che cos'avevi oggi, padre?». Questi rispose: «Ero malato, figlio mio». Ma il discepolo gli afferrò i piedi dicendogli: «Non ti lascerò finché non mi avrai detto ciò che hai visto». Il vegliardo rispose: «Io fui rapito in cielo e vidi la gloria di Dio; vi sono rimasto un po' di tempo, finché sono stato rimandato qui».

4. Quando abba Silvano risiedeva sul monte Sinai, il suo discepolo partì per un servizio e disse al vegliardo: «Prendi l'acqua e innaffia il giardino». Il vegliardo uscì, si coprì col cappuccio per non vedere ciò che lo circondava e guardò solo la traccia dei suoi passi. Un fratello arrivò in quel momento e, vedendolo da lontano, osservò quello che faceva. Poi avvicinatosi a lui, gli domandò: «Dimmi, abba, perché ti nascondevi il volto col cappuccio mentre innaffiavi il giardino?». Il vegliardo rispose: «Figlio mio, perché i miei occhi non vedessero gli alberi e il mio spirito non ne fosse distratto».

5. Un fratello andò a trovare abba Silvano sul monte Sinai. Vedendo i fratelli che lavoravano, egli disse ai vegliardi: «Non lavorate per il

nutrimento che perisce; Maria, infatti, ha scelto la parte migliore». Il vegliardo disse al suo discepolo: «Zaccaria, da' un libro al fratello, e mettilo in una cella senza niente». Quando venne la nona ora, sorvegliò la porta nel caso che qualcuno andasse a chiamarlo per il pasto. E siccome nessuno lo chiamava, il fratello si alzò, andò dal vegliardo e gli disse: «I fratelli non hanno mangiato oggi?». Il vegliardo gli rispose di sì. Allora egli replicò: «Perché non mi avete chiamato?». Il vegliardo gli rispose: «Perché tu sei un uomo spirituale e non hai bisogno di questo alimento. Noi, che siamo carnali, vogliamo mangiare e, per questo, lavoriamo. Tu hai scelto la parte migliore leggendo tutta la giornata e non vuoi mangiare alimento carnale». Quando sentì queste parole il fratello si prostrò dicendo: «Perdonami, abba». Il vegliardo gli disse: «In verità anche Maria ha bisogno di Marta. Infatti, è grazie a Marta che si fa l'elogio di Maria».

6. Un giorno fu chiesto ad abba Silvano: «Che genere di vita hai condotto, padre, per avere questa saggezza?». Egli rispose: «Non ho mai lasciato penetrare nel mio cuore un pensiero che attirasse la collera di Dio».

7. Abba Silvano disse: «Io sono schiavo, e il mio maestro mi disse: fa il mio lavoro e ti nutrirò; ma non cercare da dove ti nutrirò: sia che lo possieda, sia che lo sottragga, sia che lo chie-

da in prestito, non lo cercare; lavora solamente e io ti nutrirò. Quindi, io, se lavoro, mangio il frutto del mio salario; ma se non lavoro, mangio la carità».

8. Abba Mosè interrogò abba Silvano dicendo: «Può l'uomo enunciare ogni giorno un nuovo fondamento?». E il vegliardo rispose: «Se è laborioso, può anche a ogni ora enunciare un nuovo fondamento».

Sopatro

Qualcuno interrogò abba Sopatro dicendo: «Dammi un comandamento, abba, ed io l'osserverò».

Questi gli disse: «Non far entrare donna nella tua cella, non leggere apocrifi, non alimentare discussioni a proposito dell'immagine: quantunque in questo non vi sia eresia, vi è troppo ignoranza e inclinazione alla disputa in questi due campi a questo riguardo; è infatti impossibile che una creatura possa comprenderlo».

Serapione

1. Abba Serapione attraversò, un giorno, un villaggio d'Egitto e vide una cortigiana che stava nel suo alloggio. Il vegliardo le disse: «Aspettami questa sera perché voglio venire a casa tua e passare la notte accanto a te». Lei gli rispose: «Bene, abba». E si preparò e fece il letto. Alla sera, il vegliardo si recò da lei, entrò e le disse: «Hai preparato il letto?». Lei rispose: «Sì, abba». Ed egli chiuse la porta e le disse: «Aspetta un po', perché abbiamo una legge che io devo anzitutto adempiere». E il vegliardo iniziò il suo ufficio. Cominciò il salterio, e a ogni salmo diceva una preghiera a Dio per lei, affinché si convertisse e fosse salva. E Dio l'esaudì. La donna stette tremante e in preghiera vicino al vegliardo. Quando questi ebbe finito tutto il salterio, lei cadde per terra. E il vegliardo, iniziando una lettera dell'apostolo Paolo, ne recitò un ampio passaggio e terminò così l'ufficio.

La donna, piena di compunzione e comprendendo che lui non veniva da lei per commettere peccato ma per salvare la sua anima, cadde ai suoi piedi dicendo: «Fammi la carità, abba, e portami là dove possa piacere a Dio».

Allora il vegliardo la condusse in un monastero di vergini e la affidò alla madre superiora dicendo: «Prendi questa sorella e non le imporre giogo né comandamento come alle altre sorelle; ma se lei vuole qualcosa, dagliela, e accordale di andare dove desidera». Dopo alcuni giorni, lei disse: «Sono una peccatrice, voglio mangiare ogni due giorni». Un po' dopo disse: «Ho commesso molti peccati e voglio mangiare ogni quattro giorni». E alcuni giorni dopo, supplicò la *amma* dicendo: «Poiché ho fortemente addolorato Dio con i miei peccati, fammi la carità di mettermi in una cella, di chiuderla completamente e, attraverso il lucernario, di darmi un po' di pane e del lavoro». E la *amma* fece così, e lei piacque a Dio per il resto dei suoi giorni.

2. Un fratello disse ad abba Serapione: «Dimmi una parola». Il vegliardo rispose: «Che cosa devo dirti? Tu hai preso il bene delle vedove e degli orfani e l'hai messo in quell'armadio». Giacché lo vedeva pieno di libri.

3. Abba Serapione disse: «Come i soldati dell'imperatore non osano, quando stanno sull'attenti, guardare a destra e a sinistra, lo stesso vale per l'uomo. Se egli sta di fronte a Dio e guarda davanti a sé nel timore, in ogni ora; egli non può temere niente dal nemico».

4. Un fratello andò a trovare abba Serapione, e il vegliardo, secondo la sua abitudine, lo

invitò a pregare. Ma l'altro, definitosi peccatore e indegno del suo abito monastico, non vi acconsentì. Il vegliardo volle anche lavargli i piedi, ma il visitatore, servendosi ancora delle stesse parole, glielo impedì. Poi lo invitò a mangiare; anche il vegliardo mangiò con lui e lo ammonì dicendo: «Figlio mio, se vuoi progredire, rimani nella tua cella e sta attento a te e al tuo lavoro manuale; infatti, uscire non ti porta una così grande utilità quanto il restare seduto». Ma l'altro, al sentire quelle parole, divenne amaro e cambiò espressione al punto che non poté sfuggire al vegliardo.

Allora abba Serapione gli disse: «Finora ti dicevi peccatore e ti accusavi di essere indegno di vivere, e quando ti ho ammonito con amore, ne sei stato immensamente turbato. Dunque, se vuoi essere umile, impara a sopportare generosamente ciò che gli altri ti infliggono, e non conservare in te parole vane». Al sentire questo, il fratello chiese perdono al vegliardo e se ne andò molto edificato.

Amma Sarra

1. Si raccontava che *amma* Sarra, per tredici anni, ebbe molto a lottare con il demone della fornicazione e che non pregò mai di essere liberata dalla lotta, ma diceva piuttosto: «O Dio, dammi la forza».

2. Una volta, lo stesso spirito di fornicazione l'assalì con più insistenza, portandole alla memoria le vanità del mondo. Non abbandonando il timore di Dio né l'ascesi, salì sul suo piccolo terrazzo per pregare. Allora lo spirito di fornicazione le apparve corporalmente e le disse: «Tu, Sarra, mi hai vinto». E lei gli rispose: «Non io ti ho vinto, ma Cristo, il mio maestro».

3. A suo proposito si diceva che rimase a strapiombo sul fiume per sessant'anni e non distolse gli occhi per guardarlo.

4. Un'altra volta, due vegliardi, grandi anacoreti, partirono dalla regione di Peluse per farle visita. Lungo la strada si dicevano l'un l'altro: «Umiliamo questa vecchia donna». Ed essi le dissero: «Bada a non elevare il tuo pensiero dicendo: Ecco degli anacoreti che vengono da me

che sono una donna». E *amma* Sarra rispose loro: «Per la natura sono una donna, ma non per il pensiero».

5. *Amma* Sarra disse: «Se prego Dio che tutti gli uomini siano esauditi in me, io mi troverò penitente alla porta di ciascuno; ma io pregherò, piuttosto, che il mio cuore sia puro con tutti».

6. E disse ancora: «È cosa buona fare l'elemosina, anche a causa degli uomini. In effetti, anche se si fa l'elemosina per piacere agli uomini, si arriva però a cercar di piacere a Dio».

Amma Sincletica

1. *Amma* Sincletica disse: «Molti vivono sulla montagna ma agiscono come i cittadini e si perdono. È possibile, vivendo tra la folla, essere solitari col proprio pensiero, e vivendo soli, vivere con la folla col proprio pensiero».

2. *Amma* Sincletica disse: «All'inizio vi sono molte lotte e dolori per coloro che avanzano verso Dio, e in seguito si raggiunge una gioia ineffabile. Infatti, come coloro che vogliono accendere il fuoco, sono prima in mezzo al fumo e piangono, quindi ottengono ciò che cercavano – è detto infatti: Il nostro Dio è un fuoco bruciante – così anche noi dobbiamo accendere il fuoco divino con lacrime e fatica».

3. E disse ancora: «Noi che abbiamo scelto questa professione dobbiamo ottenere una temperanza perfetta; sembra infatti che, nei secolari, la temperanza abbia diritto di cittadinanza, ma l'intemperanza coabita con essa, poiché essi peccano con tutti gli altri sensi. Infatti, essi guardano senza pudore e ridono senza misura».

4. E disse ancora: «Come le droghe forti eliminano gli animali velenosi, così la preghiera unita al digiuno caccia il cattivo pensiero».

5. E disse ancora: «Non lasciarti sedurre dalle delizie delle ricchezze del mondo, come se contenessero qualcosa di utile con l'influenza del vano piacere. I mondani apprezzano l'arte culinaria, mentre tu, con il digiuno e grazie a cibi poco costosi, superi la loro abbondanza di alimento. Sta scritto infatti: L'anima che è nelle delizie si fa beffe della dolcezza del miele. Non rimpinzarti di pane e non desidererai il vino».

6. Fu chiesto alla beata Sincletica se la povertà è un bene perfetto. Lei rispose: «È un bene perfettissimo per quelli che lo possono. Infatti, coloro che la sopportano sono nell'afflizione della carne ma nel riposo dell'anima; giacché, come si lavano gli indumenti resistenti calpestandoli e rovesciandoli in tutti i sensi, così l'anima forte diventa molto più robusta, grazie alla povertà volontaria».

7. E disse ancora: «Se ti trovi in una comunità, non cambiare luogo, perché questo ti nuocerebbe molto. Infatti, come l'uccello che abbandona le uova che covava, impedisce ai piccoli di uscire dal guscio, così il monaco o la vergine s'intiepidiscono e muoiono nella loro fede, passando da un luogo a un altro».

8. E disse ancora: «Molte sono le astuzie del diavolo. Se non ha potuto turbare l'anima con la povertà, le propone la ricchezza come una lusinga. Se non ha ottenuto il sopravvento con le ingiurie e gli obbrobri, le propone le lodi e la gloria. Vinto dalla salute, egli rende il corpo malato. Non avendo potuto sedurre con i piaceri, egli cerca di sconvolgere con le pene involontarie. Egli aggiunge, infatti, malattie pesantissime per turbare così i pusillanimi nel loro amore di Dio. Ma strazia anche il corpo con febbri violentissime e lo opprime con seti intollerabili. Se, essendo peccatore, tu subisci tutte queste cose, ricordati del castigo futuro, del fuoco eterno e delle sofferenze della giustizia, e non ti scoraggiare davanti al presente. Rallegrati che Dio ti visiti e custodisci sulla tua lingua queste parole benedette: "Il Signore mi ha castigato ma non mi ha abbandonato alla morte"».

9. E disse ancora: «Nel mondo, se commettiamo una colpa, anche senza volerlo, siamo gettati in prigione; perciò imprigioniamoci personalmente per i nostri peccati, affinché quel ricordo volontario allontani il castigo futuro».

10. E disse ancora: «Se la malattia ci opprime, non sentiamoci nell'afflizione per il fatto che, a causa della malattia e dell'abbattimento del nostro corpo, non possiamo cantare; poiché tutte queste cose sono per il nostro bene, per la purificazione dei nostri desideri. Infatti, digiu-

nare, dormire per terra, ci sono prescritti a causa dei piaceri. Se dunque la malattia debilita questi piaceri, la ragione d'essere di queste pratiche è superflua. Poiché tale è la grande ascesi: dominarsi nella malattia e rivolgere a Dio inni e azioni di grazie».

11. E disse ancora: «Digiunando, non prendere come pretesto la malattia, poiché quelli che non digiunano sono colpiti spesso dalle stesse malattie. Hai cominciato ad agire bene, non tornare indietro, per costrizione del nemico; giacché con la tua resistenza il nemico è dominato».

12. Essa disse ancora: «Come un tesoro esposto perde il suo valore, così una virtù conosciuta da tutti svanisce; e come la cera si scioglie all'avvicinarsi del fuoco, così l'anima è distrutta dalle lodi e si perde».

13. E disse ancora: «Come non è possibile essere al tempo stesso pianta e seme, lo stesso è impossibile, quando siamo circondati di gloria mondana, portare un frutto celeste».

14. E disse ancora: «Figli miei, tutti vogliono essere salvi; ma a causa della nostra solita negligenza ci escludiamo dalla salvezza».

15. Essa disse ancora: «Dobbiamo essere vigili, poiché è attraverso i nostri sensi, anche se non lo vogliamo, che entrano i ladri. Infatti, co-

me potrebbe una casa non essere annerita dal fumo che la colpisce dall'esterno se le finestre sono aperte?»

16. E disse ancora: «Ci dobbiamo armare in ogni modo contro i demoni. Infatti, essi vengono dall'esterno e agiscono dall'interno. E l'anima è come una nave che ora è sommersa da grosse ondate, ora affonda perché la sentiamo troppo piena. Così siamo noi: ora ci perdiamo dall'esterno a causa dei nostri atti colpevoli, ora ci annientiamo dall'interno a causa dei pensieri. Quindi bisogna sorvegliare gli attacchi degli uomini che vengono dall'esterno e rendere nullo lo scaturire interiore dei pensieri».

17. E disse ancora: «Su questa terra, non siamo esenti da preoccupazioni. La Scrittura infatti dice: "Chi crede di stare in piedi stia attento a non cadere". Noi navighiamo nel buio. Poiché il salmista chiama la nostra vita un mare; il mare è ora disseminato di scogli, ora scatenato, ora tranquillo. E noi sembriamo navigare su un mare tranquillo, e i secolari su un mare scosso dalle onde. Noi navighiamo sempre guidati dal sole di giustizia; e tuttavia, succede spesso che il secolare, nella tempesta e nel buio, salva, a forza di vegliare, la propria imbarcazione, mentre noi, per negligenza, andiamo a fondo, benché siamo su un mare tranquillo, perché abbiamo lasciato andare il timone della giustizia».

18. E disse ancora: «Come è impossibile costruire una nave se non si hanno chiodi, lo stesso è impossibile salvarsi senza umiltà».

19. E disse ancora: «Coloro che, dopo le fatiche e i pericoli del mare, ammassano le ricchezze materiali, benché abbiano guadagnato molto desiderano guadagnare ancora di più. Questi considerano un niente ciò che hanno al momento e aspirano a possedere ciò che non hanno ancora. Ma noi, che non abbiamo niente di quello che desideriamo, non vogliamo possedere niente per il timore di Dio».

20. Disse ancora: «Vi è una tristezza utile, e una tristezza che distrugge. Ciò che è inerente alla prima, è di piangere le proprie colpe e di affliggersi della debolezza del prossimo, per non abbandonare il proprio proposito e unirsi alla bontà perfetta. Ma c'è anche la tristezza che viene dal nemico, piena di follia, che alcuni chiamano anche disgusto. Quindi bisogna cacciare questo spirito, soprattutto con la preghiera e con la salmodia».

21. E disse ancora: «È pericoloso che possa insegnare chi non è stato educato nella vita ascetica. Perché se qualcuno possiede una casa rovinata e vi riceve degli ospiti, fa' loro torto per il degrado della sua abitazione; lo stesso succede nel nostro caso: se non ci si costruisce prima una dimora interiore, si provoca la perdita di

quelli che vengono a noi. Infatti, con le parole li si invita alla salvezza, ma con la malignità del comportamento si fa' loro torto».

22. E disse ancora: «È bene non essere in collera. Ma se questo avviene, l'Apostolo non ti concede la dilazione di una giornata per quella passione, poiché dice: "Che il sole non tramonti sulla nostra ira". E tu, aspetteresti dunque fino a che tutto il tuo tempo si esaurisca? Perché odiare l'uomo che ti ha contristato? Non è lui che ha fatto l'ingiustizia, ma il diavolo. Odia dunque là malattia, ma non il malato».

23. E disse ancora: «Gli atleti affrontano un avversario la cui forza è proporzionata ai loro progressi».

24. E ancora: «Vi è un'ascesi che è decisa dal nemico, e i suoi discepoli la praticano. Allora come distingueremo l'ascesi divina e regale dalla tirannica e demoniaca? È evidente: con la sua misura regolare. Per il digiuno applica tutto il tempo una sola regola. Non digiunare per quattro o cinque giorni per romperlo poi, il giorno seguente, nell'abbondanza dei cibi. Infatti, l'assenza di misura è sempre nociva. Digiuna quando sei giovane e sano, perché verrà la vecchiaia con la malattia. Finché puoi, accumula, affinché quando non lo potrai più, tu possa trovare il riposo».

25. E disse: «Quando siamo in una comu-

nità, preferiamo l'obbedienza all'ascesi. Questa, infatti, insegna l'orgoglio, quella l'umiltà».

26. E ancora: «Dobbiamo dirigere la nostra anima con giudizio e, vivendo in comunità, non ricercare ciò che è nostro, né seguire la nostra opinione personale, ma obbedire alla nostra guida spirituale, secondo la fede».

27. E disse ancora: «Sta scritto: "Siate prudenti come serpenti e semplici come colombe". Divenire come serpenti, significa non ignorare gli assalti e le astuzie del diavolo. Perché il simile ha una conoscenza immediata del proprio simile. La semplicità della colomba indica la purezza dell'azione».

τ

Tito

1. Si diceva che abba Tito, se non abbassava subito le mani quando stava in piedi per la preghiera, il suo spirito venisse rapito in alto. Quindi se accadeva che i fratelli pregassero con lui, si affrettava ad abbassare le mani, perché il suo spirito non fosse rapito e non si attardasse nella preghiera.

2. Abba Tito diceva: « Vivere all'estero, per l'uomo significa dominare la propria bocca ».

3. Un fratello interrogò abba Tito dicendo: « Qual è la via che porta all'umiltà? ». Il vegliardo rispose: « La via dell'umiltà è: il dominio di sé, la preghiera, e considerarsi inferiore a ogni creatura ».

Timoteo

Abba Timoteo, il sacerdote, interrogò abba Poemen: «In Egitto c'è una donna che commette peccato di fornicazione e distribuisce quanto guadagna in elemosina». Abba Poemen disse: «Ella non persisterà nella fornicazione, poiché il frutto della fede appare in lei». Ora avvenne che la madre del sacerdote Timoteo andò a trovarlo, ed egli le domandò: «Quella donna pratica ancora la fornicazione?». La madre rispose: «Sì, ed ha aumentato il numero dei suoi amanti; ma anche quello delle sue elemosine». E abba Timoteo ne informò abba Poemen il quale asserì: «Ella non rimarrà nella fornicazione». La madre di abba Timoteo tornò un'altra volta dal figlio e gli disse: «Sai che quella peccatrice cercava di venire con me, perché tu pregassi su di lei?». Al sentire questo, egli ne informò abba Poemen che gli propose: «Va' tu piuttosto a incontrarla». La donna, vedendolo e sentendo da lui la parola di Dio, fu colma di compunzione, pianse e gli disse: «Da oggi, aderisco a Dio e faccio il proposito di non commettere più peccato di fornicazione». Subito entrò in un monastero ed essa piacque a Dio.

υ

Iperechio

1. Abba Iperechio disse:

«Come il leone è temuto dagli onagri, così il monaco provato è temuto dai pensieri e dai desideri perversi».

2. E ancora:

«Il digiuno è, per il monaco, un freno contro il peccato. Chi lo respinge è come un cavallo in calore».

3. E disse:

«Chi non domina la propria lingua al momento della collera, non riuscirà a dominare le proprie passioni».

4. E disse ancora:

«È meglio mangiare carne e bere vino, piuttosto che mangiare la carne dei propri fratelli con le calunnie».

5. «È sibilando, infatti, che il serpente ha cacciato Eva dal paradiso. Chi parla contro il prossimo gli sarà quindi simile, poiché perde l'anima di chi lo ascolta senza salvare la propria».

6. E disse:

«Il tesoro del monaco è la povertà volontaria. Tesaurizza, fratello, in cielo, poiché i secoli di quel riposo sono senza limiti».

7. E disse ancora:

«Il tuo pensiero sia sempre nel regno dei cieli e presto lo avrai in eredità».

8. Disse: «L'obbedienza è l'ornamento del monaco. Chi l'ha acquisita sarà esaudito da Dio ed egli starà fiducioso accanto al crocifisso, poiché il Signore crocifisso si è fatto obbediente fino alla morte».

φ

Felice

Alcuni fratelli, che avevano con sé dei secolari, si recarono a trovare abba Felice e lo supplicarono di dire loro una parola. Ma il vegliardo stette in silenzio. Dopo che l'ebbero supplicato per molto tempo, egli disse loro: «Volete sentire una parola?». Essi risposero: «Sì, abba». Il vegliardo riprese: «Oramai non vi è più parola. Quando i fratelli interrogavano i vegliardi e facevano ciò che essi dicevano, Dio indicava come parlare. Ma ora, giacché interrogano senza fare ciò che si sentono dire, Dio ha privato i vegliardi della grazia della parola, ed essi non trovano più che cosa dire, poiché non vi sono più lavoratori (discepoli)». Sentendo quelle parole, i fratelli gemettero e dissero: «Abba, prega per noi».

Filagrio

Uno dei santi, chiamato Filagrio, abitava nel deserto di Gerusalemme e lavorava con fatica per guadagnarsi il pane. E mentre era al mercato per vendere il proprio lavoro manuale, ecco che qualcuno lasciò cadere una borsa contenente mille monete. Il vegliardo, trovatala, rimase sul posto dicendo: « Chi l'ha perduta, certamente ritornerà a cercarla ». Ed ecco che arriva un uomo piangendo. Presolo in privato, il vegliardo gli ridiede la borsa. Ma l'altro lo trattenne, volendo dargli una parte delle monete. Poiché il vegliardo non accettò, l'altro cominciò a gridare: « Venite a vedere ciò che ha fatto l'uomo di Dio ». Fuggendo di nascosto, il vegliardo uscì dalla città per non ricevere lodi e onori.

χ

Chomai

Si diceva che abba Chomai, sul punto di morire, disse ai suoi figli: « Non abitate con gli eretici, non fate conoscenza stretta con i dirigenti, che le vostre mani non siano aperte per raccogliere, ma piuttosto per donare ».

Or

ω

1. Si diceva che abba Or e abba Teodoro, mentre costruivano una cella con l'argilla, si dissero l'un l'altro: « Se Dio ci visitasse ora, che cosa faremmo? ». E, piangendo, lasciarono lì l'argilla e si ritirarono ciascuno nella propria cella.

2. Di abba Or si diceva che non mentì mai, né prestò giuramento né ingiuriò mai qualcuno né parlò senza necessità.

3. Abba Or disse al suo discepolo Paolo: « Sta' attento a non far mai penetrare una parola estranea in questa cella ».

Tabelle

Concordanza

Concordanza fra la presente traduzione e i due grandi tipi di classificazione delle collezioni di *Apoftegmi*. La prima colonna riproduce l'ordine delle parti nella nostra traduzione; la seconda e la terza ne indicano le corrispondenze nelle collezioni alfabetiche e sistematiche «normali», come le abbiamo ricostituite nelle nostre ricerche sulla tradizione greca degli *Apophthegmata Patrum* (Bruxelles 1962), pp. 19-36 e pp. 126-181.

	Serie	alfabetica	Serie sistematica
Antonio	1	1	VII.1
	2	2	XV.1
	3	3	I.1
	4	4	XV.2
	5	6	I.2
	6	7	XV.3
	7	8	X.1
	8	9	XVII.2
	9	10	II.1
	10	11	II.2
	11	12	X.2
	12	13	X.3
	13	14	VIII.1
	14	15	VIII.2
	15	16	X.4
	16	17	XV.4
	17	18	IV.1
	18	19	XVI.1
	19	20	VI.1
	20	21	IX.1
	21	22	V.1
	22	23	X.5
	23	24	XVIII.1
	24	27	XVII.5
	25	32	XVII.1
	26	33	III.1
	27	35	XI.3

	Serie	alfabetica	Serie sistematica
Antonio	28	36	XIV.1
	29	37	XI.1
	30	38	XI.2
Arsenio	1	1	II.3
	2	2	II.4
	3	3	XV.5
	4	4	XV.6
	5	5	X.7
	6	6	XV.7
	7	7	II.6
	8	8	II.7
	9	9	XI.4
	10	10	XI.5
	11	11	VII.34
	12	12	X.8
	13	13	II.5
	14	14	IV.2
	15	15	IV.3
	16	16	XV.8
	17	17	IV.4
	18	18	IV.5
	19	19	IV.6
	20	20	VI.3
	21	21	II.9
	22	22	X.9
	23	24	XIV.2
	24	25	II.8
	25	27	XVIII.2
	26	28	II.10
	27	29	VI.2
	28	30	XII.1
	29	31	VIII.3
	30	32	XV.10[a]
	31	33	XVIII.3
	32	35	XI.6
	33	39	X.10
	34	40	XV.10[b]
	35	41	III.3
	36	42	XV.11
	37	44	II.11
Agatone	1	1	X.11
	2	2	XI.8
	3	3	XI.10
	4	4	XVII.8
	5	5	X.12
	6	6	VI.4
	7	7	VI.5
	8	8	X.13

	Serie	alfabetica	Serie sistematica
Agatone	9	9	XII.2
	10	10	X.14
	11	11	IV.8
	12	13	VII.2
	13	14	X.15
	14	15	IV.7
	15	19	X.16
	16	25	XVII.7
	17	29	XI.9
Ammonas	1	1	III.4
	2	3	VII.3
	3	4	X.20
	4	9	XV.13
	5	11	X.116
Achille	1	1	X.18
	2	3	IV.10
	3	4	IV.9
Ammoes	1	1	XI.11
	2	2	XI.12
	3	3	IV.11
Ammoun	1	1	XVII.3
	2	2	XI.56
Anoub	1	1	XV.12
	2	2	XI.7
Abramo		1	X.19
Ares		1	XIV.3
Alonio	1	1	XI.13
	2	3	XI.14
Appi		1	XV.14
Bessarione	1	1	XIX.1
	2	2	XIX.2
	3	3	XIX.3
	4	4	XII.3
			XX.1
	5	5	XIX.4
	6	6	VII.4
	7	7	IX.2
	8	11	XI.15
Beniamino	1	2	IV.12
	2	5	VII.5
Gregorio		1	I.3
Gelasio	1	1	XVI.2
	2	6	VII.17
Geronte		1	V.2
Daniele	1	1	X.21
	2	3	XV.15
	3	4	X.22
	4	5	XI.16

	Serie	alfabetica	Serie sistematica
Daniele	5	6	X.23
	6	7	XVIII.4
	7	8	XVIII.5
Dioscoro	1	1	IV.13
	2	2	III.23
Dula		1	II.13
Epifanio	1	3	XII.6
	2	4	IV.15
Efrem	1	1	XVIII.6
	2	2	XVIII.7
	3	3	X.26
Eucaristo		1	XX.2
Eulogio		1	VIII.4
Hellade		1	IV.16
Evagrio	1	1	III.5
	2	2	II.14
	3	3	XI.17
	4	4	XI.18
	5	6	I.4
	6	7	XVI.3
Zenone	1	1	VIII.5
	2	4	X.27
	3	5	XVIII.8
	4	6	IV.17
Zaccaria	1	1	XV.17
	2	2	I.6
	3	3	XII.7
	4	4	XV.19
	5	5	XV.18
	6	6	XV.20
Isaia		4	XII.8
Elia	1	1	III.6
	2	2	XIX.5
Eraclito		1	XIV.30
Teodoro di Ferme	1	1	VI.7
	2	2	VII.9
	3	3	VIII.9
	4	4	X.32
	5	5	I.12
	6	6	XV.32
	7	7	VIII.10
	8	8	X.34
	9	9	VIII.11
	10	10	X.33
	11	11	X.177
	12	16	X.35
	13	24	VII.10
	14	25	XV.33

	Serie	alfabetica	Serie sistematica
Teodoro dell'Ennaton	1	2	VII.11
	2	3	XI.35
Teodoto		1	IV.19
Teona		1	XI.36
Teofilo	1	1	XV.31
	2	2	XV.59
	3	3	IV.76
	4	5	III.15
Giovanní Colobos	1	1	XIV.4
	2	2	X.36
	3	3	IV.20
	4	4	V.3
			XV.34
	5	5	IV.21
	6	7	X.37
	7	8	XVI.4
	8	9	III.16
	9	10	XI.37
	10	11	XI.38
	11	12	XI.40
	12	13	VII.12
	13	14	XVIII.10
	14	15	IX.12
	15	17	XVII.10
	16	18	XI.41
	17	19	XI.44
	18	22	XV.35
	19	24	XI.42
	20	27	XI.43
	21	31	XI.39
	22	34	I.13
	23	40	XIII.17
Isidoro	1	1	XVI.6
	2	2	IV.24.
	3	3	IV.25
	4	4	XI.46
Isacco delle Celle	1	4	IV.22
	2	5	X.44
	3	7	VI.10
	4	8	VI.9
	5	12	VI.11
Giuseppe di Panefo	1	1	XIII.1
	2	2	IX.8
	3	3	X.38
	4	4	X.40
	5	5	X.39
	6	6	XI.45
	7	7	XII.9

	Serie	alfabetica	Serie sistematica
Giacomo		3	III.17
Giovanni da Tebaide		1	XV.36
Isidoro, il sacerdote	1	1	IV.23
	2	2	VI.12
	3	3	VI.13
	4	4	X.41
	5	5	X.42
	6	6,	X.43
	7	7	II.18
Giovanni di Persia		2	VI.8
Giovanni, il tebano		1	XVI.5
Giovanni di Paolo		1	XIV.5
Isacco, il tebano	1	1	IX.5
	2	2	IX.47
Giuseppe di Tebe		1	I.14
Ilarione		1	XVII.4
Iscurione		1	XVIII.9
Cassiano	1	1	XIII.2
	2	3	XIII.3
	3	4	IV.26
	4	5	I.15
	5	6	XI.48
	6	7	VI.14
Crono	1	1	XVIII.34
	2	3	XV.37
Copres		3	XV.38
Ciro		1	V.5
Lucio		1	XII.10
Longino	1	1	X.45
	2	2	IV.28
	3	3	XIX.6
	4	4	XIX.8
Macario, l'egiziano	1	1	XV.39
	2	2	XX.4
	3	3	XVIII.13
	4	4	VII.14
	5	5	XVIII.14
	6	6	XVIII.15
	7	7	XIX.12
	8	10	IV.29
	9	11	XV.40
	10	12	III.18
	11	13	VII.15
	12	14	XIX.10
	13	15	XIX.11
	14	16	IV.30
	15	17	IV.31
	16	18	XVI.8

	Serie	alfabetica	Serie sistematica
Macario, l'egiziano	17	19	XII.11
	18	23	X.47
	19	33	XX.3
	20	34	III.20
	21	36	X.48
	22	38.	III.19
	11	12	X.92
	12	13	VI.27
Mosè	1	1	XVIII.17
	2	2	IX.7
	3	3	XVI.9
	4	4	XV.43
	5	5	XIII.4
	6	6	II.19
	7	7	II.20
	8	8	VIII.13
	9	9	XVIII.18[a]
	10	10	XVIII.18[b]
	11	12	X.92
	12	13	VI.27
Matoes	1	1	VII.16
	2	2	XV.41
	3	4	X.49
	4	8	V.6
	5	9	XV.42
Marco	1	1	XIV.11
	2	3	XIV.12
	3	5	XVIII.20
Milesio	1	1	XIX.13
	.2	2	XV.47
Motios		1	VIII.14
Mios	1	1	XIV.9
	2	2	XV.47
Marco, l'egiziano		1	IX.6
Macario, il cittadino		2	X.46
Nilo	1	9	II.23
Nestorio	1	1	VIII.15
Nestorio, il cenobita	1	1	I.19
	2	2	XV.46
Nicon		1	XVI.30
Netra		1	X.50
Niceta		1	XVII.33
Xanthias	1	1	XI.113[b]
	2	2	XIX.20
Olimpio	1	1	XI.109
	2	2	V.50
Poemen	1	1	XI.55

	Serie	alfabetica	Serie sistematica
Poemen	2	2	XVI.11
	3	3	X.53
	4	4	XVII.11
	5	5	VIII.16
	6	7	XIX.14
	7	8	X.54
	8	12	X.57
	9	13	VII.18
	10	14	V.7
	11	15	X.58
	12	16	IV.32
	13	17	IV.33
	14	18	X.65
	15	19	IV.34
	16	20	X.59
	17	21	X.60
	18	22	X.66
	19	23	X.68
	20	24	X.71
	21	25	X.72
	22	26	III.24
	23	27	X.75
	24	28	X.81
	25	29	X.76
	26	30	XVIII.22
	27	31	X.61
	28	32	XI.58
	29	33	X.82
	30	34	XVIII.23
	31	35	I.20
	32	36	XV.50
	33	37	XVI.12
	34	39	III.26
	35	40	X.83
	36	41	XV.53
	37	42	IV.36
	38	43	II.24
	39	44	VII.20
	40	45	X.86
	41	47	IV.37
	42	48	XI.62
	43	49	XV.48
	44	50	III.28
	45	51	XIII.6
	46	52	X.88
	47	53	I.22
	48	54	X.89
	49	55	XV.54

	Serie	alfabetica	Serie sistematica
Poemen	50	56	VIII.19
	51	57	IV.39
	52	58	XIII.5
	53	59	II.25
	54	60	I.23
	55	61	XV.57
	56	62	V.9
	57	63	VIII.18
	58	65	XI.59
	59	66	I.24
	60	67	X.91
	61	68	I.21
	62	69	XIII.7
	63	72	III.25
	64	73	XV.51
	65	76	IV.40
	66	86	X.62
	67	91	X.78
	68	100	X.70
	69	S 4	X.49
	70	102	VII.19
	71	103	X.74
	72	105	XV.58
	73	109	XIV.13
	74	113	IX.21
	75	114	IX.22
	76	115	V.11
	77	116	XVII.13
	78	118	X.67
	79	119	III.29
	80	127	X.55
	81	128	X.56
	82	144	III.31
	83	S 2	X.90
	84	145	X.64
	85	149	X.87
	86	151	X.85
	87	152	X.69
	88	154	V.8
	89	160	XI.61
	90	162	III.27
	91	165	XI.57
	92	167	XV.56
	93	168	X.93
	94	177	X.77
	95	S 18	XI.63
	96	S 19	IV.38
	97	183	XVIII.21

	Serie	alfabetica	Serie sistematica
Pambo	1	2	X.94
	2	3	XIV.14
	3	4	III.32
	4	7	XVIII.14
	5	8	I.25
Pior	1	2	IV.42
	2	3	IX.13
Pistamone		1	VI.15
Pietro, il Pionita	1	1	IV.43
	2	2	XI.65
Pafnuzio	1	1	IX.14
	2	2	XVII.15
Paolo, il cosmeta	1	1	XVI.10
	2	2	XI.64
Paolo, il grande	1	1	VII.21
	2	2	XV.52
	3	3	IV.41
Paolo, il semplice		1	XVIII.26
Un abba romano	1	1	X.110
	2	2	XVI.26
Sisoes	1	1	XVI.3
	2	2	IV.45
	3	3	II.26
	4	4	IV.46
	5	5	IV.47
	6	6	X.98
	7	7	XX.5
	8	8	IV.44
	9	9	XV.62
	10	10	XIV.15
	11	11	XV.63
	12	12	XIX.18
	13	13	XV.65
	14	14	XX.7
	15	15	VIII.20
	16	16	XV.64
	17	17	VIII.21
	18	18	XIX.17
	19	24	XX.6
	20	43	I.26
Silvano	1	1	IV.48
	2	2	III.33
	3	3	XVIII.27
	4	4	XI.68
	5	5	X.99
	6	6	XI.70
	7	9	VI.28
	8	11	XI.69

	Serie	alfabetica	Serie sistematica
Sopatro		1	XIV.16
Serapione	1	1	XVII.34
	2	2	VI.16
	3	3	XI.71
	4	4	VIII.12
Amma Sarra	1	1	V.13
	2	2	V.14
	3	3	VII.26
	4	4	X.107
	5	5	X.108
	6	7	XIII.19
Amma Sincletica	1	S 1	II.27
	2	1	III.34
	3	2	IV.49
	4	3	IV.50
	5	4	IV.51
	6	5	VI.17
	7	6	VII.22
	8	7	VII.23
	9	8	VII.24
	10	S 2	VII.25[a]
	11	9	VII.25[b]
	12	S 3	VIII.24
	13	S 4	VIII.25
	14	S 5	XI.72
	15	S 6	XI.73
	16	S 7	XI.74
	17	S 8	XI.75
	18	S 9	XV.66
	19	10	X.101
	20	S 10	X.102
	21	12	X.104
	22	13	X.103
	23	14	X.106
	24	15	X.105
	25	16	XIV.17
	26	17	XIV.18
	27	18	XVIII.28
	2	2	III.33
Tito	1	1	XII.13
	2	2	IV.52
	3	7	XV.61
Timoteo		1	XIII.18
Hyperechio	1	1	IV.53
	2	2	IV.54
	3	3	IV.57
	4	4	IV.59
	5	5	IV.60

	Serie alfabetica		Serie sistematica
Hyperechio	6	6	VI.18
	7	7	XI.76
	8	8	XIV.19
Felice		1	III.36
Filagrio		1	VI.19
Chomai		1	I.27
Or	1	1	III.37
	2	2	XX.8
	3	3	XX.9

Tabella alfabetica

Le parti di questa collezione sono classificate secondo l'ordine dell'alfabeto greco; ma le esigenze della trascrizione dei nomi propri dal greco in italiano sconvolgono quest'ordine. Perciò ci è sembrato preferibile, al posto del solito Indice delle materie, far figurare qui i nomi dei protagonisti secondo l'ordine dell'alfabeto italiano, rimandando alla pagina in cui cominciano i brani loro attribuiti.

La Parola e le parole

La collana accoglie la Parola e le parole capaci di dare all'umanità contenuti e valori che, a motivo della garanzia divina e della saggezza scaturita dal rapporto con la Parola, trascendono tempi e mode.

Spiritualità occidentale

1. *Parola senza tempo. La Bibbia per ogni giorno dell'anno*
2. *I salmi pregati da sant'Agostino*
6. *I documenti del concilio Vaticano II*
8. *I documenti del concilio Vaticano II,* ed. tascabile
11. *Piccola Filocalia della preghiera del cuore*
13. *Filotea. Introduzione alla vita devota,* di san Francesco di Sales
14. *Scintille. Dio, la vita e le persone in Maurice Zundel*
15. *La Madonna nel pensiero di san Bernardo e dei primi cirstercensi*
17. *Sui sentieri dell'amore con san Giovanni della Croce*
18. *Chiamati alla gioia. Un anno con Paolo VI*
19. *Sul filo della speranza. Variazioni sui Vangeli,* di Francesco Licinio Galati
22. *Le encicliche sociali. Dalla «Rerum Novarum» alla «Centesimus annus»*
23. *Preghiamo con i Padri della Chiesa*
24. *Elogio del silenzio,* di Marc de Smedt
26. *Il Padre nostro commentato da Primo Mazzolari*
27. *Papa Giovanni dai suoi scritti*
31. *La preghiera della cicala & Co.,* di Nazareno Fabbretti
33. *Il Padre nostro commentato dai Padri della Chiesa* (cur. Carlo Cremona)
38. *Tempo di Passione. Meditazioni per la settimana santa,* di Primo Mazzolari
40. *Tardi ti ho amato. Brani scelti di sant'Agostino* (cur. Silvia Prandini)
42. *Un anno con Maria. Brani scelti di Paolo VI* (cur. Maria Clemente Moro)
44. *Ogni giorno con i Padri della Chiesa* (cur. Giovanna della Croce)
45. *Pensieri, parole, profezie,* di Georges Bernanos (cur. Maria Antonietta La Barbera)

48. *Carretto. Un contemplativo sulle strade del mondo* (cur. Gian Carlo Sibilia)
61. *I padri del deserto. Così vissero, così dissero* (cur. Jean Claude Guy)
62. *Le meraviglie della Parola. Commento al salmo 118,* di Ambrogio (cur. Agostino Clerici)

Spiritualità orientale

5. *Il canto degli uccelli. Frammenti di saggezza nelle grandi religioni,* di Anthony de Mello
7. *Un minuto di saggezza nelle grandi religioni,* di Anthony de Mello
10. *Alle sorgenti. Esercizi spirituali, oggi,* di Anthony de Mello
12. *La preghiera della rana. Saggezza popolare dell'Oriente,* 1° vol., di Anthony de Mello
16. *La preghiera della rana. Saggezza popolare dell'Oriente,* 2° vol., di Anthony de Mello
20. *Sàdhana. Un cammino verso Dio,* di Anthony de Mello
21. *Le parole non dette,* di Kahlil Gibran (cur. Isabella Farinelli)
25. *Noibeddo. Offerta,* di Robindronath Tagore (trad. dal bengoli di Marino Rigon)
28. *La via semplice di Chuang Tzu,* di Thomas Merton
29. *Il Cristo,* di Robindronath Tagore (trad. dal bengoli di Marino Rigon)
30. *Parole sussurrate,* di Kahlil Gibran (cur. Isabella Farinelli)
32. *Chiamati all'amore. Riflessioni,* di Anthony de Mello
34. *Mille e una storia. Briciole di saggezza orientale,* di J. Maurus
35. *Le parole dette,* di Kahlil Gibran (cur. Isabella Farinelli)
36. *Citra. La scoperta del Dio della vita,* di Robindronath Tagore (trad. dal bengoli di Marino Rigon)
39. *Mari di grano e altre poesie armene,* di Daniel Varujan (cur. Antonia Arslan)
41. *Santiniketon. Casa della pace,* di Robindronath Tagore (trad. dal bengoli di Marino Rigon)
43. *Shock di un minuto. Per vivere a 360 gradi,* di Anthony de Mello
49. *Gesù Figlio dell'Uomo,* di Kahlil Gibran (cur. Isabella Farinelli)
50. *Frammenti di saggezza,* due volumi in cofanetto
51. Saggezza popolare dell'Oriente, due volumi in cofanetto
52. *Le parole di Gibran*, tre volumi in cofanetto
53. *Le parole di Tagore,* tre volumi in cofanetto
60. *Ascolta questa... Parabole e favole per l'uomo di oggi,* di Peter Ribes

Spiritualità ebraica

46. *Così parlavano i chassidim. La saggezza e l'arguzia degli ebrei dell'Est,* di Victor Malkka
47. *Ogni settimana ha il suo venerdì. Proverbi di saggezza ebraica,* di Victor Malka

Stampa: Àncora Arti Grafiche - Milano - 1997